JN012332

「2割特例」
「少額特例」対応

領収書

請求書

第2版

誰も書かなかった インボイス制度 のポイント!!

これが本当のインボイス対策

税理士 黒永 哲至 著

2023年変更!最新インボイス全て対応

フリーランス
社長・経理担当
対策チェック

☞ これからでも間に合うインボイス対策

☞ フリーランスは「2割特例」でお得!

☞ 売上1億円以下「少額特例」知らないと損!

☞ すぐわかる「売上別インボイス対策表」

☞ 業界初!インボイス【期間ルール】一覧表

税務経理協会

第2版にあたって

　好評をいただいた初版の出版から半年が過ぎ、令和5年11月のインボイス改正及び令和5年度税制改正により、インボイス制度の規定も大きく変わりました。

　本書は、それらの改正を受けて、第2版を出すことになりました。

　改正事項のうちの「2割特例」と「少額特例」は、実務で大きな影響を受ける重要な改正ですので、その内容と問題点をわかりやすく説明しています。

　また、インボイス制度がスタートした後も、さまざまな課題が出てくると思われます。課税事業者からは、やはり免税事業者に戻りたいという要望が出てくるケースもあると考えられますので、「インボイス登録の取り消し方法」についても説明しています。これらの令和5年10月1日以後も間に合うインボイス対策についても、詳しく述べています。

　最後に、インボイス制度には、登録、届出、取り下げ、取り消し、適用期間等のさまざまな期限に関する規定が数多くあり、とてもわかりにくくなっています。

　そこで、それぞれの期間ごとの「インボイス届出ルール一覧表」を作成しました。

　また、「2割特例」と「少額特例」により売上規模に対する「インボイス対応」が変わることになりますので、新たに「売上別インボイス対応表」を作成しました。実務で活用していただければ幸いです。

令和5年7月

黒　永　哲　至

1

まえがき

令和5（2023）年10月の「インボイス制度」開始まで、1年を切ってきました。

「インボイス制度」の影響は、大企業から中堅・中小企業、簡易課税適用事業者、そして免税事業者まで、すべての事業者に及びます。「**史上最大の税制改正**」と認識しています。

ただ、いろいろな事業者の対応と認識を確認すると、「インボイス制度」に対する準備が、この時期においてもまだ遅れている実感を持っています。

企業の「インボイス対策」の最初に行う登録番号の取得も、あまり進んでいません。

国税庁も、積極的にはメディアを通じてのインフォメーションを行っていません。

117ページにも及ぶ「インボイス制度に関するQ＆A」をホームページに掲載しているだけで、果たしてどれだけの企業がプリントアウトをして読み込んでいるのでしょうか？

これまでに、インボイス関連の書籍も多数出版され、セミナーもいろいろなところで開催されていますが、本書は、それらで取り上げられていない、より実践的な内容を中心にして出版することといたしました。

具体的には、「手書き領収書」をインボイスにする方法、会計ソフトのインボイス対応の重要性、「経過措置」への実務的対応方法等について、実務上あと1年で企業が最優先で準備しなければいけないポイントについて述べています。

私は、4年前の軽減税率導入時から多くの「消費税セミナー」を行って

きました。本書では、34 年間の会計事務所での実務経験を踏まえて、今回のインボイス対策の重要ポイントについて、なるべく分かり易く説明していますので、「インボイス制度対策」の参考にしていただけると幸いです。

　令和 4 年 11 月

黒　永　哲　至

目　　次

■ VOLUME Ⅰ
インボイス制度の基本

■ VOLUME II

令和5年度「インボイス制度」のポイント

◾PART Ⅱ　少額特例の概要 ‥‥‥‥‥‥‥‥ 159

■■ VOLUME I

インボイス制度の基本

インボイス制度がやってくる

1 インボイスによって大きく変わる

令和5年（2023）10月から、「インボイス制度」がスタートします。

この「インボイス制度」により、ある事業者は消費税の納税額が数十％増加し、ある事業者は売上が激減するリスクがあるという、いままでに経験したことのない「税制改正」なのです。

私は、今回のインボイスによる改正は、国民の皆様の予想をはるかに上回る「史上最大、最悪の税制改正」になると思います。

＜免税事業者がピンチに＞

まず考えられるのが、「免税事業者」に対する大改正です。

免税事業者は、現行税制では「パラダイス」です。消費税10％相当額が請求できて、しかも納税はしなくてもよく、相手方のクライアントは無条件に仕入税額控除ができるという、メリットしかない制度です。

しかし、インボイス導入後は、手取金額が10％減少し、相手のクライアントも免税事業者に対する支払いは仕入税額控除ができませんので、これ

までの契約を解除されるリスクがあります。

　つまり、免税事業者にとって「インボイス制度」は、「天国」から「地獄」というくらいの大転換なのです。

　詳しくは、「PART Ⅳ　免税事業者」で述べます。

＜営業経費も影響大＞

　次に、影響が大きいのは、大企業、中堅企業の社員が使う営業経費、販売経費についてです。

　このような規模の大きな企業は、「デジタル化も進んでいてインボイス対策は万全だ」と思っている社員の方が多くいますが、問題は、社員が現金で支出する「営業経費」や「販売経費」の領収書が、必要項目の記載されている「インボイス」なのかということです。まず、レジがなくて、手書きの領収書を発行している場合は、インボイスになっていないケースが数多く見られます。

　このような場合は、「インボイス対応」をしていませんので「仕入税額控除」ができなくなり、消費税の納付額が増加します。営業社員が多い、大企業、中堅企業は、消費税の納付額が激増するリスクがあるのです。

　詳しくは、「PART Ⅵ　企業のインボイス対策」の３で述べます。

＜手書き領収書発行事業者の売上が激減＞

　その次に大きな影響を受けるのが、手書き領収書を発行する事業者です。例えば、全国の居酒屋、バー、スナック、クラブ等の事業者です。

　これらの業種は、営業上、レジを置かずに手書き領収書を発行しています。ほとんど「インボイス対応」をしていませんので、インボイスが必要な営業の接待に使われなくなるリスクがあるのです。

　レジ導入が可能な事業者は、早急に導入すべきです。

　結論からいうと、「インボイス制度」によって売上が減少するというリスクがあるのです。

　詳しくは、「**PART Ⅶ**　手書き領収書を発行する事業者の対応」で述べます。

＜インボイスの社内教育も重要＞

　このようにインボイスは、社内のいろいろな部署の社員に影響します。

　会計ソフトも「インボイス対応」で大きく変わり、会計処理の方法も変わりますので、経理部門の取組みが重要なのですが、営業社員も物品購入の総務部門も、「インボイス」に関係してきます。

　全社員の「インボイス教育」が、必要となってきます。

　詳しくは、「**PART Ⅹ**　会計ソフトの入力方法が大きく変わる」で述べます。

2　インボイスまでの消費税の仕組み

1　消費税の仕組み

消費税の基本的な仕組みを分かり易く説明します。

（A）は、商品を

| 商品価格　6,000 円 |
| 消費税　　　 600 円（10%） |
| 合計　　　 6,600 円 |

で（B）から仕入れ、（C）に

対して、商品を

| 商品価格　10,000 円 |
| 消費税　　　 1000 円（10%） |
| 合計　　　 11,000 円 |

で販売します。

（B）　　　　　仕　入　　　（A）　　　　　販　売　　　（C）
商品 ------------------------➤ ------------------------➤
商品価格　6,000 円　　　　　　商品価格　10,000 円
消費税　　　 600 円（10%）　　消費税　　　1,000 円（10%）
合計　　　 6,600 円　　　　　　合計　　　 11,000 円

　この取引では、（A）は、仕入によって（B）に 600 円の消費税を支払い、販売によって（C）から 1,000 円の消費税を預かる形になっています。

　そこで、その預かった消費税の 1,000 円から支払った消費税の 600 円を控除することによる 400 円を消費税額として申告納付するということが、消費税の基本の仕組みです。

　この仕入の 600 円を控除することを「仕入税額控除」といいます。

2 消費税の歴史

消費税は、平成元（1989）年4月1日にスタートしました。

昭和50年代から60年代（1975〜1989年）にかけて「大型間接税」、「売上税」という名称で国民の大反対を受けて、竹下内閣において非常に緩やかで世界一柔軟な基準で導入されました。

世界的には「付加価値税」としてインボイス制度を導入して課税されていましたが、日本は世界で唯一、帳簿に一定事項を記載すればよいという「帳簿方式」でスタートしました。

税率は3％、適用も簡易課税制度が課税売上高5億円、免税制度が3,000万円という、いわゆる「柔軟適用」という方針でスタートしました。

そこから34年間で、国税庁は徐々に徐々に課税強化を図ってきました。

	簡易課税制度	免税制度
平成元（1989）年	5億円 みなし仕入　　2区分	3,000万円
平成3（1991）年	4億円	
平成9（1997）年	2億円 みなし仕入　　5区分	
平成16（2004）年	5,000万円	1,000万円
平成25（2013）年		前年・上期1,000万円超不適用
令和5（2023）年	「インボイス制度」導入！	免税事業者 　インボイス発行不可 　仕入税額控除対象外 　消費税受領不可

税率も基準も厳しくしています。

詳細は、次の表をみてください。

平成元（1989）年	税率 3％	帳簿方式
平成9（1997）年 平成26（2014）年	5％（4月1日〜） 8％（4月1日〜）	請求書等保存方式
令和元（2019）年	10％（10月1日〜） 軽減税率導入　軽減税率は8％	区分記載請求書等保存方式
令和5（2023）年10月	「インボイス制度」スタート	

　日本は、先進国で最後にインボイス制度を導入します。免税事業者の事業活動に多大な影響を与える免税制度の改正については、もっと国民に説明・周知させるべきです。

　30数年、国税庁が悲願としたインボイス制度導入には、国民の理解が必要だと考えます。

3　簡易課税制度と免税制度

＜簡易課税制度＞

　消費税の原則として、預かったすべての消費税を集計し、支払ったすべての消費税を集計して差引計算を行い、消費税額を申告納付するという複雑な行程があります。

　そこで、課税売上金額が一定金額以下の事業者には、売上金額に一定金額の仕入金額を見込みで控除して消費税を計算する方法を認めています。

　その方法のことを「簡易課税制度」といい、一定の控除できる見込額の比率を「みなし仕入率」といいます。みなし仕入率は、業種によって6つに分かれています。

≪みなし仕入率≫

第一種	卸売業	90％
第二種	小売業	80％
第三種	製造業・建設業等	70％
第四種	飲食業その他の事業	60％
第五種	サービス業	50％
第六種	不動産（賃貸、管理、仲介）	40％

　課税売上金額は、消費税制度導入当時は5億円以下でしたが、徐々に引き下げられて平成16（2004）年からは5,000万円以下となっています。

＜免 税 制 度＞

　消費税の制度の基本は、事業において消費税を預かった事業者は全員、申告納付することが原則です。

　しかし、申告納付には、時間と手間と人手がかかり、企業負担も大きくなりますので、ある程度の小規模事業者は申告納付を免除するということが、消費税の「免税制度」です。世界的にも、付加価値税を導入している国は、この「免税制度」を適用しています。

　免税制度の適用は、当期の2期前、前々期の売上高が1,000万円以下か否かで判断します。この前々期のことを「基準期間」といいます。

　消費税制度導入当時は、免税点が3,000万円以下でしたが、平成16（2004）年には1,000万円以下となり、令和5（2023）年の「インボイス導入」をきっかけに、大幅に制限されることになります。

＜簡易課税制度＞

　　　課税売上金額　　5,000 万円以下

　　　売上金額から一定金額を見込で控除

　　　　　みなし仕入率

　　　原則課税方式より有利な場合が多い

＜免税制度＞

　　　基準期間の売上金額が 1,000 万円以下の事業者

　　　　　申告納税を免除

　　　インボイス制度で大幅に制限！

インボイスによって大きく変わる

1 インボイス制度がやってくる

　このような消費税制度の歴史と背景を受けて、令和5（2023）年10月から「インボイス制度」がスタートします。

　平成元（1989）年に消費税制度が施行されてから34年が経って、簡易課税制度の範囲が5億円から5,000万円に、免税制度の限度が3,000万円から1,000万円に縮小されてきました。

　ここで「インボイス制度」が施行されて、課税事業者のみが登録番号を取得できて、インボイスを発行するシステムになります。

　既存の免税事業者への種々のメリットは、実質的に大幅な制限となり、免税業者は大打撃を受けることになります。

　また、「インボイス制度」を取り入れることにより、インボイスを発行できない事業者は、接待、会食等のビジネス客を受け入れることが難しくなり、売上げ減少のリスクがあります。

　このような、さまざまな事業者に影響を与える「インボイス制度」という大改正が、もうすぐそこに迫ってきているのです。

インボイス制度

先進国では日本が最後に導入
課税事業者のみが登録番号を取得して、
インボイスを発行

免税事業者は、インボイスを発行できないので、
消費税も受け取れない

免税事業者のメリットへの大幅制限

インボイスを発行できない事業者は、
ビジネス客の接待・会食等を受け入れられなくなり、
売上げ激減のリスクが！

いろいろな「リスク」をかかえて、
「インボイス制度」がやってくる！

2 「適格請求書」とは

　「適格請求書」とは「インボイス」のことで、次の9項目が記載されている「請求書、納品書、領収書、レシート等」のことをいいます。

　「インボイス制度」とは、何のことか分からないという方がいます。

　「インボイス制度」とは、次の9項目を記載している「適格請求書」が「仕入税額控除」の必須要件となる制度のことです。

≪記載すべき事項≫

① 作成者の氏名

② 年月日

③ 取引内容

④ 税率ごとに合計した対価の額

⑤ 請求書受領者の氏名

⑥ 軽減税率対象資産の譲渡等に係るものである旨

⑦ 登録番号

⑧ 税率ごとの消費税額

⑨ 税率ごとの適用税率

≪適格請求書の記載例≫

⑤ 〇〇御中	請求書

令和×年△月〇日

131,200 円（税込）

日付	③ 品名	金額
② 11/ 1	小麦粉　※	5,000 円
11/ 1	牛肉　※	10,000 円
11/ 2	キッチンペーパー	2,000 円
⋮	⋮	⋮
合計	120,000 円	消費税　11,200 円

	⑨	④	⑧
10% 対象	80,000 円	消費税　8,000 円
8% 対象	40,000 円	消費税　3,200 円

⑥ ※は軽減税率対象

① △△商事㈱

⑦ 登録番号　×××××

3 「適格請求書」のネーミングが誤解を招く、本当は「適格領収書」

　今回の「インボイス制度」には、必ず「適格請求書」という用語が出てきます。

　「制度に合格した請求書」というように、「請求書」が重要だと受け取られがちですが、果たしてそうでしょうか？

　消費税法では、平成元（1989）年の施行時から「請求書等保存方式」、「区分記載請求書等保存方式」、「適格請求書等保存方式」という用語が使われています。

　この「請求書等」とは、国税庁のホームページによれば、「売手が買手に対して正確な適用税率や消費税額等を伝えるもの」とあります。つまり、「請求書等」とは、具体的には、請求書、納品書、領収書、仕入明細書のことをいいます。

　一般的に、業者間の売上、仕入に関しては「請求書」が出てきますが、飲食店で飲食をしたり、デパートで物品を購入する時に「請求書」が出るでしょうか？　通常は、「領収書」を受け取ります。つまり、必ず出てくる書面は、「領収書」なのです。

　今回のインボイス制度も、正しくは「適格領収書」なのです。「適格請求書」では、請求書を発行する業者のみが関係すると誤解され易いのです。

　国税庁の「インボイスＱ＆Ａ」「問26」には、「適格請求書として必要な事項が記載された書類（請求書、納品書、領収書、レシート等）であれば、適格請求書に該当します」とあります。

　ネーミングは、とても重要なことです。

「適格請求書」

正式には、「適格請求書等保存方式」

とても分かり難い！
請求書が重要だと誤解する。

「請求書等」とは、請求書、納品書、
領収書、仕入明細書をいいます。

日常生活で一番一般的なものは「領収書」、
簡単にいえば「インボイス制度」は

「適格領収書」制度です。

「ネーミングはシンプルに！」

4 「インボイスＱ＆Ａ」は万能か
～ 156 ページのＱ＆Ａを何人の国民が見たのか～

　今回の「インボイス制度」の導入で、免税業者は今まで取れていた 10％の消費税が入金されなくなります。インボイス対応の領収書、請求書でない場合は、仕入税額控除が経過措置の 80％か、それ以外は控除できずに、消費税の納付額が激増する可能性があります。また、インボイス対応の領収書を発行できていない飲食店は、インボイスを要求するビジネス客の来店が減少するリスクがあり、売上が激減するかもしれません。

　このように、「インボイス制度」は、消費税の納付額が増加し、売上が減少するという、企業にとって「最大級のリスク」といえる税制改正です。

　国税庁は、その詳しい内容をほとんどインフォメーションしていません。国税庁のホームページの「インボイスＱ＆Ａ」に詳細があるので確認してください、というスタンスです。

　このＱ＆Ａは、 156 ページ（令和 5 年 4 月改訂時）もあります。何人の人が、このＱ＆Ａをダウンロードして製本して詳細に読み込むでしょうか？

　このなかには、非常に重要な項目がいたるところにあります。例えば、登録番号の入手時期については、令和 5（2023）年 10 月から施行されるのならギリギリの 8・9 月に取ればいい、と国民の多くは思っています。ところが、実際は令和 5 年 9 月までに登録番号を取得しなければなりません。

　このような、企業経営、国民生活に重要な影響を与える「インボイス制度」については、新聞、テレビで告知・説明を積極的に行うべきです。

　「インボイスＱ＆Ａ」を見なかった国民が悪いというのでは、あまりにも不親切です。

≪インボイス制度≫

免税事業者は手取りが 10％減少するリスク
インボイスに適合しない請求書で納付額が増える
インボイスを発行しないとビジネス客が減少

国民の大きなリスク

国税庁はホームページの
「インボイス Ｑ＆Ａ」（P156）を推奨

これほどの大改正は、積極的に
国民（納税者）に説明をすべき！

5 端数処理は各インボイスで税率ごとに1回のみ

「インボイス制度」の端数処理には、一定のルールがあります。それは、**「1インボイスにつき各税率ごとに端数処理は1回のみ」**ということです。

端数処理の方法は、切り上げ、切り捨て、四捨五入等の任意の方法によることができます。

スーパーマーケットのように、さまざまな商品の価格表示が必要な場合には、商品ごとに端数処理をしている場合が数多くあります。

その金額を集計すると、インボイス全体で合計して端数処理した場合とでは、端数処理の回数分の誤差が出るリスクがあります。10回端数処理を行うと、最大10円の誤差が生じるリスクがあるのです。

今回の端数処理のルールの発表で、既存の販売管理ソフトや伝票処理ソフトを使用している企業は、ルールに合わせてバージョンアップをしなければならない可能性があります。1取引1円の誤差とはいえ、大型商業施設では膨大な金額になりますので、対応が必要になってきます。

1億回で1億円の誤差が出てきます。今回の端数処理は、実務に即していないといえます。

企業の規模によっては、多額のコストがかかることも予想されます。既存のソフトを使い続ける事業者もあるでしょうが、インボイスを受け取った企業が形式不備を理由に受け取りを拒否するリスクもありますので、慎重な判断が必要になってきます。

このように、端数処理の方法は、企業運営のうえで重要な要素なのです。

≪インボイス制度の端数処理≫

「１インボイスにつき税率ごとに
端数処理は１回のみ」

通常、スーパー等は多くの商品を各商品
ごとに端数処理をしているケースが多い

端数処理の誤差が生じる

販売ソフト等のバージョンアップが必要！

6　インボイスに不備があっても自分で追記できない

　区分記載請求書等保存方式では、「資産の内容及び軽減対象資産の譲渡等である旨」、「税率ごとに合計した課税資産の譲渡等の税込価額」の記載がない場合に限り、受領者が自ら請求書等に追記して保存することが認められています。

　区分記載請求書等では、柔軟な対応が認められていますが、「インボイス制度」では、受領サイドでの追記は一切認められていません。必ず修正して再発行をしてもらわなければなりません。

　「インボイス制度」は、これまでの34年間の消費税制度と比較して、はるかに厳格な制度といえます。

（注）　唯一例外として、PART Ⅸ「5　これが重要！ 経過措置の要件」の118
　　　ページにある「区分記載請求書」の3項目の追記が認められています。

＜現在の「区分記載請求書等保存方式」では＞

「資産の内容及び軽減対象資産の譲渡等である旨」
「税率ごとに合計した課税資産の譲渡等の税込価額」
の記載がない場合に限り
受領者が請求書等に「追記保存」ができる

＜「インボイス制度」では＞

受領者の追記は一切認められていない

消費税導入以来
最も厳しいルール！！

7 適格簡易請求書

1 適格簡易請求書の発行が認められる業種

　「小売業」、「飲食店」、「写真業」、「旅行業」、「タクシー業」、「駐車場」等の不特定多数の者と取引する事業者は、『適格簡易請求書』を交付することができます。

2 記 載 事 項

　① 交付を受ける事業者の氏名又は名称を記載する必要なし

　② 適用税率又は消費税額のどちらかの記載でいい

「適格請求書」に比べると、書類の作成が楽になります。

```
≪例≫
スーパーのレシート
タクシー
駐車場、コインパーキング等
```

・ 不特定多数

・ 客名が分からない

・ 記載が不要

（注）　ただし、飲食店の実名予約の場合は、インボイスが必要になります。

≪記載例≫

```
            スーパー○○
         登録番号　○○××

令和×年△月○日
                領収書

コーラ※          1点          ¥108

ギュウニク※      1点          ¥972

ハミガキコ        1点          ¥330

合計                          ¥1,410

10% 対象         1点          ¥330

                内消費税額      ¥30

8％ 対象         2点          ¥1,080

                内消費税額      ¥80

お預かり                      ¥1,500

お釣                           ¥90

                          ※は軽減税率対象
```

＜ポイント＞

①　交付を受ける事業者の氏名又は名称の記載なし

②　適用税率又は消費税額のどちらかを記載

登 録 番 号

1 登録番号の取得期限はインボイス開始の
令和5年10月ではない
要注意、登録番号の取得期限は令和5年9月30日まで

　「インボイス制度」は、まず登録番号を取得するところからスタートします。

　「インボイス制度」の開始は、令和5（2023）年10月ですが、登録番号は、2年前の令和3（2021）年10月から取得できることになっています。開始からすでに1年以上経っていますが、取得数はそれほど増えていません。

　心理的に、翌年10月スタートの制度なので「夏休みの宿題」のように、ギリギリの令和5年8・9月に入手すればいいと考えている方が、多く見かけられます。そこに大きな罠があります。

　令和5年度税制改正では、「令和5年10月1日から登録を受けようとする事業者は、令和5年9月30日までに納税地を所轄する税務署長に登録申請書を提出する必要があります」ということになりました。

　結論は、令和5年9月30日までに登録をしないと、令和5年10月からの「インボイス制度」を適用できなくなるということです。

　これは、非常に重要なポイントですが、国税庁は積極的にインフォメーションをしていません。

　忙しい一般の納税者である国民が、WEBの分厚いQ&Aを詳細に見るわけがありません。とても不親切だと考えられます。

　この本を読まれた方はすぐに精査をして、必要な方は登録を開始してください。

≪インボイス制度のスタートは≫

「登録番号の取得」

最初の重要なステップ！

令和5年10月 「インボイス制度」がスタート！
登録番号はギリギリに
取得してはいけない

令和5年10月1日からの
登録を受けようとする事業者は
令和5年 9 月 30 日までに
登録申請書を提出しなければならない

要注意！
令和5年9月までに取得！

2 受け取ったインボイスの登録番号が 虚偽だったら仕入税額控除ができない ～しかも、懲役・罰金～

　今回の「インボイス制度」のポイントは、課税事業者が登録番号を取得して適正項目を記入したインボイスを発行しなければなりません。

　例えば、不動産の営業マンが北海道に出張をして、ある紹介者からお客様を紹介され、成約したとします。

　その場で紹介者に110万円（10万円の消費税）の紹介料を支払い、インボイス対応の領収書を受け取りました。

　ところが、数日後に本社に戻り、そのインボイスの登録番号が虚偽の番号であることが判明しました。この場合、このインボイスでは、仕入税額控除ができなくなります。

　すぐにこの紹介者に連絡しましたが、連絡は当然つかなくなっていました。

　これからスタートする「インボイス制度」には、この種の「登録番号」詐欺が多発すると考えられます。

　このケースでも、紹介料を支払う場合に、その登録番号を国税庁のホームページで確認し、本人確認まですべきなのですが、実際の取引現場ではとても困難といえます。

　そこで今回は、次の(1)～(8)の書類が「適格請求書類似書類」に該当し、(1)～(7)までの書類を交付した場合は「1年以下の懲役又は50万円以下の罰金」、(8)の「売上除外目的の偽装」については悪質だということで「10年以下の懲役又は1,000万円以下の罰金」、「売上除外」に関しては懲役

が 10 倍、罰金が 20 倍という、極めて重罪となっています。

> ＜ 1 年以下の懲役又は 50 万円以下の罰金＞
> (1) 取引事実を仮装した書類
> (2) 取引排除の回避を目的に他人の登録番号を記載した書類
> (3) 取引排除の回避を目的に架空の登録番号を記載した書類
> (4) 消費税相当額の詐取を目的に他人の登録番号を記載した書類
> (5) 消費税相当額の詐取を目的に架空の登録番号を記載した書類
> (6) 取引事実を仮装した適格請求書
> (7) 対価の額を水増しした適格請求書
> ＜ 10 年以下の懲役又は 1,000 万円以下の罰金＞
> (8) 売上除外を企図して名義を偽装した適格請求書

≪インボイス制度の罰則≫

登録番号が記入された
「インボイス」が取引の基本

厳格適用！
登録番号を取得していない事業者も
多数いる

詐欺まがいの行為が起こる危険性

＜１年以下の懲役又は 50 万円以下の罰金＞
取引事実の仮装、
取引排除の回避目的で他人又は架空の登録番号使用、
消費税相当額の詐取目的で他人又は架空の登録番号使用、
対価の額を水増ししたインボイス
＜ 10 年以下の懲役又は 1,000 万円以下の罰金＞
売上除外を企図して名義を偽装したインボイス

売上除外目的の名義偽装は、
他の行為より懲役が 10 倍、罰金が 20 倍という、
極めて重罪である！

3 登録番号の取り方を知っていますか ～国税庁推薦の「e-Tax」はとても複雑～

　「インボイス制度」の第一歩は、「登録番号」の取得です。

　その取得方法を説明しましょう。登録番号の取得方法として国税庁ホームページの「インボイスQ&A」でも薦めているのが、「e-Tax」を利用しての登録です。ところが、この「e-Tax」での登録が、非常に分かり難くなっています。

　「e-Tax」では、次の項目の入力が必要になります。

① 利用者識別番号

② 暗証番号

③ 法人番号

④ 納税地

⑤ 所轄税務署

⑥ 事業内容

⑦ 資本金又は出資金額

⑧ 経理責任者の氏名

⑨ 税理士等

⑩ 代表者氏名

⑪ 代表者住所

⑫ 電子証明書

　　マイナンバーカード又は税理士電子証明書カード

　これだけの項目を、一般の国民が入力できるでしょうか？　会計事務所の職員でさえも、数時間かかりました。

　「利用者識別番号」、「暗証番号」等は、会計事務所か又は実際に「e-Tax」で電子申告したことのある方です。ワクチンのＷＥＢ申し込みと同じで、非常に使いづらい制度といえます。

≪登録番号の取得方法≫

国税庁ホームページ
「インボイスＱ＆Ａ」

「e-Tax」を推奨

入力項目が多く
電子申告経験者でないと
分かり難い！

一般納税者に
分かり易くしてほしい！

4 国税庁のホームページからダウンロードしたら簡単に提出できる

　このように、「e-Tax」を使った登録番号の取得は、容易ではありません。

　そこでお勧めなのは、国税庁のホームページからの「登録申請書」のダウンロードです。そこに所定の事項を記入して、各国税局のインボイス登録センターに郵送すると登録ができます。

　免税事業者が新たに課税事業者になって登録番号を取得する場合でも、この方法で申請してください。

　会計事務所でも「e-Tax」で手間取る場合は、ダウンロードした書面で登録することが多くみられます。

【（出所）国税庁：［手続名］適格請求書発行事業者の登録手続（国内事業者用）】

国税庁ホームページから
簡単ダウンロード

登録申請用紙が
簡単入手

記載して郵送

登録番号をゲット！

第1-(1)号様式

国内事業者用

適格請求書発行事業者の登録申請書

【1／2】

収受印			
令和 年 月 日		（フリガナ）	
	申 請 者	住 所 又 は 居 所 （ 法 人 の 場 合 ） 本 店 又 は 主 た る 事 務 所 の 所 在 地	（〒 － ） ◎（法人の場合のみ公表されます） （電話番号 － － ）
		（フリガナ）	（〒 － ） （電話番号 － － ）
		納 税 地	
		（フリガナ）	◎
		氏 名 又 は 名 称	
		（フリガナ） （ 法 人 の 場 合 ） 代 表 者 氏 名	
＿＿＿＿＿ 税務署長殿		法 人 番 号	

この申請書に記載した次の事項（◎印欄）は、適格請求書発行事業者登録簿に登載されるとともに、国税庁ホームページで公表されます。
1　申請者の氏名又は名称
2　法人（人格のない社団等を除く。）にあっては、本店又は主たる事務所の所在地
なお、上記1及び2のほか、登録番号及び登録年月日が公表されます。
また、常用漢字等を使用して公表しますので、申請書に記載した文字と公表される文字とが異なる場合があります。

下記のとおり、適格請求書発行事業者としての登録を受けたいので、所得税法等の一部を改正する法律（平成28年法律第15号）第5条の規定による改正後の消費税法第57条の2第2項の規定により申請します。
※　当該申請書は、所得税法等の一部を改正する法律（平成28年法律第15号）附則第44条第1項の規定により令和5年9月30日以前に提出するものです。

令和5年3月31日（特定期間の判定により課税事業者となる場合は令和5年6月30日）までにこの申請書を提出した場合は、原則として令和5年10月1日に登録されます。

事 業 者 区 分	この申請書を提出する時点において、該当する事業者の区分に応じ、□にレ印を付してください。
	□ 課税事業者　　　　　　□ 免税事業者 ※ 次葉「登録要件の確認」欄を記載してください。また、免税事業者に該当する場合には、次葉「免税事業者の確認」欄も記載してください（詳しくは記載要領等をご確認ください。）。
令和5年3月31日（特定期間の判定により課税事業者となる場合は令和5年6月30日）までにこの申請書を提出することができなかったことにつき困難な事情がある場合は、その困難な事情	
税 理 士 署 名	 （電話番号 － － ）

※ 税 務 署 処 理 欄	整理 番号		部門 番号		申請年月日	年 月 日	通 信 日 付 印 年 月 日	確 認	
	入力処理	年 月 日	番号 確認		身元 確認	□ 済 □ 未済	確認 書類	個人番号カード／通知カード・運転免許証 その他（　　　　　　　　　　）	
	登録番号	Ｔ							

注意　1　記載要領等に留意の上、記載してください。
　　　2　税務署処理欄は、記載しないでください。
　　　3　この申請書を提出するときは、「適格請求書発行事業者の登録申請書（次葉）」を併せて提出してください。

インボイス制度

第1－(1)号様式次葉

適格請求書発行事業者の登録申請書（次葉）

【2／2】

氏 名 又 は 名 称	

この申請書は、令和三年十月一日から令和五年九月三十日までの間に提出する場合に使用します。

該当する事業者の区分に応じ、□にレ印を付し記載してください。

免税事業者の確認	□　令和5年10月1日から令和11年9月30日までの日の属する課税期間中に登録を受け、所得税法等の一部を改正する法律（平成28年法律第15号）附則第44条第4項の規定の適用を受けようとする事業者 ※　登録開始日から納税義務の免除の規定の適用を受けないこととなります。						
	個 人 番 号						
	事業内容等	生 年 月 日（個人）又は設立年月日（法人）	明治　大正　昭和　平成　令和 　　　年　　　月　　　日	法人のみ記載	事 業 年 度	自　　月　　日 至　　月　　日	
					資 本 金	円	
	事 業 内 容				登録希望日	（令和5年10月1日を希望する場合、記載不要） 令和　　年　　月　　日	
	□　消費税課税事業者（選択）届出書を提出し、納税義務の免除の規定の適用を受けないこととなる課税期間の初日から登録を受けようとする事業者				課 税 期 間 の 初 日 ※　令和5年10月1日から令和6年3月31日までの間のいずれかの日 令和　　年　　月　　日		

登録要件の確認	課税事業者です。 ※　この申請書を提出する時点において、免税事業者であっても、「免税事業者の確認」欄のいずれかの事業者に該当する場合は、「はい」を選択してください。	□　はい　□　いいえ
	納税管理人を定める必要のない事業者です。 （「いいえ」の場合は、次の質問にも答えてください。）	□　はい　□　いいえ
	納税管理人を定めなければならない場合（国税通則法第117条第1項） 【個人事業者】　国内に住所及び居所（事務所及び事業所を除く。）を有せず、又は有しないこととなる場合 【法人】　　　　国内に本店又は主たる事務所を有しない法人で、国内にその事務所及び事業所を有せず、又は有しないこととなる場合	
	納税管理人の届出をしています。 「はい」の場合は、消費税納税管理人届出書の提出日を記載してください。 消費税納税管理人届出書　（提出日：令和　　年　　月　　日）	□　はい　□　いいえ
	消費税法に違反して罰金以上の刑に処せられたことはありません。 （「いいえ」の場合は、次の質問にも答えてください。）	□　はい　□　いいえ
	その執行を終わり、又は執行を受けることがなくなった日から2年を経過しています。	□　はい　□　いいえ

参 考 事 項	

37

5 もっと簡単な方法は
～税務署に行くと用紙がもらえて、
その場で提出できます～

　「インボイスの登録番号を取得したい。」と国税庁に問い合わせると、「e-Tax」を勧められたがとても分かり難く、困り果てている方の話をよく聞きます。

　国税庁のホームページからダウンロードしたくても、年配の事業者でパソコンの扱いに疎い方はたくさんいらっしゃいます。

　そのような方は、管轄の税務署に行きましょう。窓口で登録番号申請書の交付が受けられます。その場で必要事項を記載して、提出しましょう。

　「e-Tax」より少し時間がかかりますが、1か月ほどで登録番号を入手できます。パソコン・スマホを使っていない方は、是非、この方法をご利用ください。

≪最も簡単に「登録番号」を取得する方法≫

パソコンがなくてもすぐできます

申告する税務署に行きましょう

窓口で「登録番号申請書」を入手

必要事項を記載して提出

１か月程で登録番号を入手

"超簡単です"

免 税 事 業 者

・・・・・・・・・・・・・・・・・・・・・・・・・・・・・・・・・・・・・・・

1 免税事業者は「インボイス制度」で状況が激変する

　令和5（2023）年10月から、免税事業者の取扱いが大きく変わります。「インボイス制度」がスタートすると、登録番号を持っている事業者のみが消費税を請求できます。

　逆に、登録番号を持っていない免税事業者は、いままで請求できていた消費税が請求できなくなります。

　つまり、免税事業者は、990万円の手取額が900万円になり、手取額が10％減少することにより、この物価高の状況では重大な影響を受けます。

　また、免税事業者に支払う事業者は、免税事業者がインボイスを発行できませんので、仕入税額控除ができなくなり、消費税の納税が増加します。

　取引先にとってはデメリットになりますので、免税事業者は、取引を打ち切られるリスクがあるのです。

　免税事業者は、売上には消費税を請求できませんが、仕入や経費には消費税を支払っていきます。非常に不合理です。

　また、インボイスを発行できませんので、いままでのように取引先の相見積には参加できなくなるリスクがあります。

　このように、免税事業者には、「インボイス制度」で次のような大きなデメリットがあるのです。

---

① 　手取り額10％減少

② 　インボイスを発行できないので取引先からの取引打ち切りのリスク

③ 　相見積からの除外

④ 　資金繰りの悪化

≪インボイス制度がスタート≫

免税事業者は登録番号がない

インボイスを発行できない

免税事業者に支払った課税事業者は
「仕入税額控除」できない

インボイス発行事業者に仕事を発注する

相見積取引の除外

免税事業者は「取引の除外」
「10％消費税請求できない」

資金繰りの悪化

2 免税事業者は本当に「益税」なのか、「損税」はないのか

　今回の「インボイス制度」の目的の1つとして、消費税を受け取っていても納税しないで利益にするという免税事業者の「益税」を解消するということが挙げられます。

　免税事業者には、飲食店、居酒屋等の新規開業の方も数多くみられます。そのような方は、自己資金と借入金で店舗を借り、内装をし、厨房工事をし、酒等の仕入れをします。

　概算でも、最低1,000万円程度はかかります。開店しても2・3年は赤字で、やむなく廃業する事業者はいつの時代でも数多くいます。

　この場合、店舗の賃借から工事、開業までに多くの消費税を支払っています。新規開業では顧問の税理士もいないケースが多く、消費税還付の手続きはしていないので、消費税分が「損税」となるのです。

　上記の開業関連費用1,000万円が課税取引とすれば、100万円分の消費税が「損税」となるのです。この場合、国税庁は当然、救済措置を設けていません。

　また今回、改正後において免税事業者は、売上については10％の消費税相当額を受け取れませんが、仕入や経費の支払いについては消費税を負担することになります。その消費税分は「損税」になりますが、国税庁は考慮してくれません。

　このように、免税事業者における「益税」解消を目的に「インボイス制度」を推し進めていますが、反対に、「損税」問題も存在するということを認識すべきだと考えます。

　これらの観点から、「益税」と「損税」のバランスを考えた免税事業者の事業規模の継続が可能になるような「免税制度」を検討すべきと考えます。

≪「益税」と「損税」≫

インボイス導入の目的

免税事業者「益税」の解消の問題点

【損税】

<例>　飲食店開業のケース
　　　　店舗を借りる 〕
　　　　内装
　　　　厨房工事
　　　　食材酒等の仕入 〕

自己資金、借入
約 1,000 万円
（消費税 100 万円）

コロナ等で売上不振
新規開店から 2・3 年赤字で廃業

消費税 100 万円

「損　税」
こういうケースはたくさんあります！
「益税」と「損税」のバランスをとるべき

「免税制度の存在意義」

3 免税事業者の総数と現状

　免税事業者の総数は、果たしてどれくらいなのでしょうか。

　財務省の 2015 年発表では、個人 436 万、法人 77 万の合計 513 万事業者という膨大な数です。ちなみに、課税事業者は、個人 115 万、法人 195 万の合計 310 万事業者です。

　総事業者数は、課税・免税合計で 823 万事業者、課税事業者が 37.6％、免税事業者が 62.3％になります。なんと、免税事業者が全体の 3 分の 2 を占めているのです。

　今回の「インボイス制度」は、この全体の 3 分の 2 の事業者にメスを入れるという「税制の大改正」なのです。

　免税事業者とは、年商 1,000 万円以下の個人、法人で、消費税を事業で受け取ったとしても申告納税を「免除」されているので、「免税事業者」といわれています。免税事業者は、513 万事業者いますが、その業種は多岐にわたります。

> 飲食店、小売商店、弁護士、税理士、司法書士、社労士、コンサルタント、デザイナー、音楽、スポーツ選手、インストラクター、保険代理店、建設業のリフォーム等の「一人親方」、バー、クラブの女性スタッフ

　免税業者の総数も職種も、膨大で多岐にわたります。大企業、中小企業が支払っている費用も相当な額になるといえます。

　このように、今回の「インボイス制度」の改正は、社会に大きな影響を与えようとしているのです。

＜免税事業者＞

　　　　個人 436 万　　法人 77 万

　　　　　　　　合計 513 万事業者

＜課税事業者＞

　　　　個人 115 万　　法人 195 万

　　　　　　　　合計 310 万事業者

＜課税・免税合計 823 万事業者＞

免税事業者は全体の 62.3％
約 3 分の 2 を占めている

免税事業者の総数も職種も
"膨大で多岐" にわたる

インボイス制度で免税事業者の
現状が相当制限される！

社会的に大きな影響がある！

4 免税事業者から「有利な」課税事業者への変更が急増する

　免税事業者は、全国で 500 万以上ですが、その大半は、取引において 10％の消費税を受け取っていると考えられます。

　ところが、今回の「インボイス制度」では、その 10％の消費税相当額が請求できなくなります。また、支払いサイドの企業も、インボイスを発行できない免税事業者に支払う費用は、仕入税額控除ができなくなるデメリットが生じます。

　そこで、免税事業者は、課税事業者を選択せざるを得ない状況になります。課税事業者を選択し、登録番号を取得して「簡易課税制度」を選択するという流れになるでしょう。

　例えば、年商 800 万円の免税事業者が消費税の 80 万円を受け取っていた場合には、サービス業であればみなし仕入率が 50％なので、消費税の納付額は 40 万円となります。

```
　　　年　商　　　　　みなし仕入率
（ 800 万円 × （ 1 － 50％ ）） × 10％ ＝ 40 万円
```

　免税事業者は、「インボイス制度」で、そのままであれば手取りが 80 万円（10％）減るところを、40 万円の減少で 40 万円（5％）残るという選択をするということです。

　それでインボイスも発行できますので、支払いサイドにも取引を継続してもらえるメリットは大きいでしょう。

　このように、免税事業者から課税事業者への選択変更は、急増すると考

えられます。

　ちなみに、513万事業者のうち約半分の250万事業者が課税事業者を選択した場合には、年商800万円と仮定すると年間40万円の消費税の納付となり、それだけで年間1兆円の消費税の大きな税収増となります。

※　令和5年度税制改正では、令和5年10月1日から令和8年9月30日の属する各課税期間については、課税売上1,000万円以下の課税事業者は売上税額の2％相当額を消費税の納税額とすることができるという「2割特例」ができました（P139を参照）。

≪「インボイス制度」スタート≫

免税事業者は売上に10％の消費税を請求できなくなる

支払い企業も「仕入税額控除」できない

ダブルのデメリット

＜解消法＞
免税事業者が課税事業者を選択

登録番号 取得

簡易課税 選択

＜例＞
　年商800万円　　みなし仕入率　50％（サービス業）
　　　　　年商　　　　　　　　みなし仕入率
　（800万円　×（1－50％））×　10％　＝　40万円
　　　80万円（消費税分　10％）増収
　　　40万円　納税

　　　　　　　　　　　　差引　40万円　キャッシュ増

　課税事業者（簡易課税）の選択が絶対有利！

5　免税事業者の課税事業者への登録

　これまで述べてきましたように、免税事業者は、「インボイス制度」が
スタートすると、とてもデメリットが多くなります。

　そこで、課税事業者を選択する場合の手続きが重要になります。手続き
は、期限がすべてです。

　「インボイス制度」は、令和5（2023）年10月スタートですので、その
初日から、課税事業者として始めたいところです。そのためには、「令和
5年9月30日」までに、「登録申請書」を提出しなければなりません。

　通常はこれに加えて、「課税事業者選択届出書」を提出しなければなり
ませんが、令和5年10月1日に課税事業者となる場合は、「登録申請書」
のみで、手続きが完了します**＜インボイス制度スタートアップ特例
〔Ⅰ〕＞**。

　なお、令和5年度税制改正により、困難な事情がなくても令和5年9月
30日までに登録申請書を提出すれば、令和5年10月1日から「登録事業
者」になることができます。

≪「免税事業者」が「課税事業者」になる方法≫

　（１）課税事業者選択届出書
　（２）登録申請書
　　　　　両方の提出が必要！

「インボイス制度スタートアップ特例〔Ⅰ〕」

令和５年10月１日（インボイス開始日）に
「課税事業者」となる場合は

「登録申請書」のみ提出でOK！

＜要　件＞
　　令和５年９月30日までに提出！

「免税事業者」から「課税事業者」に
変わる予定の方は、速やかに手続きを！

6 令和5年10月1日以降に登録する場合

　令和5年10月1日以降にインボイス登録をする場合は、令和4年税制改正によって柔軟適用となり、令和5年10月1日の属する課税期間だけでなく、令和5年10月1日から令和11年9月30日の属する各課税期間においても、「課税事業者選択届出書」を提出せずに「登録申請書」の提出のみで、「インボイス登録」が可能になりました。

　「スタートアップ特例〔Ⅰ〕」が、6年間延長されたのです＜6年ルール＞。

【P192 を参照】

　暦年又は、事業年度の中途に登録することもできます。その場合は、「登録希望日」から起算して登録15日前までに、登録申請書の提出をしなければなりません＜15日ルール＞。　　　　　　　　【P196 を参照】

≪令和 5 年 10 月 1 日以降の登録≫

「インボイス制度スタートアップ特例〔Ⅰ〕」
6 年延長

＜ 6 年ルール＞

令和 5 年 10 月 1 日から令和 11 年 9 月 30 日の
属する各課税期間

インボイス「登録申請書」のみで OK ！

暦年又は事業年度の中途でも登録可！
「登録希望日」の 15 日前までに「登録申請書」を提出！

＜ 15 日ルール＞

7 免税事業者が簡易課税を選択する場合の特例

　免税事業者が課税事業者を選択した場合は、通常、課税仕入れになる経費が少ないケースが多く、「簡易課税制度」が有利になることがほとんどです。そこで、「簡易課税」の手続きをしなければなりません。

　「簡易課税制度選択届出書」は、その選択する事業年度の初日の前日までに提出しなければなりません。簡単にいえば、前期中に出さないと選択できない制度なのです。ところが、今回の経過措置として、令和5年10月1日から令和11年9月30日の属する各課税期間（事業年度）において登録する免税事業者については、登録日の属する課税期間中に「簡易課税制度選択届出書」を提出すれば、その課税期間（事業年度）から「簡易課税」を適用することができます＜6年ルール＞。【P192を参照】

　例えば、令和5年10月1日の属する課税期間である個人や12月決算法人の場合は、令和5年12月31日までに「簡易課税制度選択届出書」を提出すればよいのです＜インボイス制度スタートアップ特例〔Ⅱ〕＞。

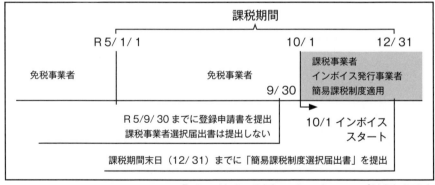

「インボイス制度スタートアップ特例〔Ⅱ〕」

PART IV

≪「簡易課税制度」を選択する方法≫

<原　則>
　「簡易課税制度選択届出書」を
　適用を受ける課税期間の開始の日の前日
　（前期の最終日）までに提出しなければならない

「インボイス制度スタートアップ特例〔Ⅱ〕」

　「簡易課税制度選択届出書」を令和5年10月1日から
　令和11年9月30日の属する課税期間中において登録
　する！<6年ルール>
　免税事業者については登録日の属する課税期間中に提
　出すればOK！

<インボイス制度開始年度>

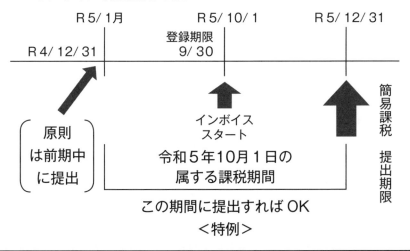

※　個人又は12月決算法人の場合

8 不動産賃貸業の免税事業者は課税事業者を選択して「簡易課税事業者」になろう ～いまのままでは 10%手取りが減るリスクが～

　個人の土地所有者で、土地を駐車場として賃貸している方は、全国にたくさんいらっしゃいます。

　確定申告は、不動産所得で申告しています。親から相続したケースも多く、大地主でない限り、ほとんどが免税事業者です。

　利用者も長年賃貸しているケースが多く、契約書には、消費税額を明記していないこともよくあります。

　当然、土地所有者は、消費税の申告納付はしていませんが、駐車場利用者には法人などの事業者もいて、その支払っている駐車料金を税込金額として仕入税額控除を計上している場合があります。

　この場合、現行の消費税制度では、免税業者は消費税徴収の概念がありませんので、駐車料金に消費税を課す必要はありません。

　テナントの駐車場利用者は課税仕入として計上、土地オーナーは課税売上に計上していないという、整合性のとれない状態が、現状では容認されているのです。

　ところが、令和5年10月から「インボイス制度」がスタートすると、すべて明確にしなければなりません。

　テナントは、課税仕入をするので、オーナーにはインボイスを発行してもらわなければなりません。ただし、一般の「個人」が借主である駐車場のオーナーの場合は、現状の免税事業者のままで現在の契約で問題ありません。

　問題なのは、１件でも駐車場賃貸料を課税仕入れとしてインボイスを必要とするテナントがいる場合です。

　オーナーが免税業者のままであれば、消費税分の値引きを要求されることも考えられます。

　いずれにしても契約書を見直して、お互いの状況を明確にしなければなりません。全国には、このようなケースが膨大にあります。

　さまざまなケースが想定できますが、例えば、５台のうち１台だけがテナントの場合は、免税事業者なのでインボイスを出せないということでテナントに納得してもらうか、場合によっては、契約者を「個人」の方に入れ換えることが考えられます。

　次に、駐車場の利用者の多くが、テナントであるケースが問題です。

　この場合、最も円満にいく方法は、免税業者のオーナーが「課税事業者」を選択して「簡易課税」の届出をします。すると、みなし仕入率40％が適用できて、10％の消費税のうち６％を納税し、差引４％手残りすることとなります。また、テナントは、仕入税額控除ができますので、この方法が最善策と思われます。

　また、VOLUME Ⅱ の PART Ⅰ で述べている「２割特例」を適用すれば、令和５年10月１日から令和８年９月30日の属する課税期間については、「簡易課税」に換えて、売上税額の２割である２％の納税が可能になりました＜３年ルール＞。　　　　　　　　　　　　　　【P190を参照】

　いずれにしてもテナントとよく相談し、現状の契約内容を見直しの必要があれば、早めに対策をする必要があります。

＜現　状＞

　　　　個人　土地所有者

　　　　駐車場　賃貸　　（10台以下）

　　　　　　　免税事業者

　　　　確定申告　不動産所得

　　　　契約書に消費税　明記ナシ

　　　「消費税」として徴収せず

　　　借主　　個人　　　　問題ナシ

　　　　　　　［法人
　　　　　　　　個人事業主］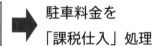　駐車料金を
　　　　　　　　　　　　　　　　「課税仕入」処理

　　　　　　　　　　　　　　「仕入税額控除」

　　「貸主」と「借主」の消費税処理に
　　　　　　整合性なし！

　　　　　　現状は容認されている

　　　　全国に同様のケースが多数アリ！

＜インボイス施行後＞

契約書の見直し
消費税の明確化　必要

貸主が、課税事業者　　　　選択
　　　　簡易課税事業者　　選択（みなし仕入率 40%）
　　　　10% 消費税　徴収
　　　　6%　　　　　　納付
　　　　「2割特例」適用時　　2% 納付
　　　　　　　　　　　　　＜3年ルール＞
　　　　　　　　　　　　　（P190を参照）

借主は、「仕入税額控除」が可能

又は、

貸主が、免税事業者のまま

借主が、消費税分の値引を要求する可能性

■ PART V

新設法人・相続の特例

■■■■■■■■■■■■■■■■■■■■■■■■■■■■■■■■■■

1 新設された法人の特例

＜設立日から「インボイス登録」を受けたい場合＞

新設された法人が設立日から「インボイス登録」を受けたい場合は、その旨を記載した「登録申請書」を設立課税期間の末日までに提出することにより設立日から登録を受けたものとみなされます。

(1) 課税事業者である法人

事業を開始した課税期間の末日までに、事業を開始した日の属する課税期間の初日から登録を受けようとする旨を記載した登録申請書を提出します。

(2) 免税事業者である法人

「登録申請書」に併せて「課税事業者選択届出書」を提出する必要があります。

ただし、令和5年10月1日から令和11年9月30までの日の属する課税期間に登録を受ける場合は、「課税事業者選択届出書」は必要ありません＜6年ルール＞。　　　　　　　　　　　　　　　　　　【P190を参照】

＜新たに開業した個人事業者の特例＞

　新たに事業を開始した個人事業者が、事業を開始した日から「インボイス登録」を受けようとする場合は、その年分の末日までにその旨を記載した「登録申請書」と「課税事業者選択届出書」を提出します。

上記(2)の＜６年ルール＞

≪新設された法人の特例≫

〈1〉新設法人

　　　設立日から「インボイス登録」を受けたい
　　　場合は、その旨を記載した「登録申請書」
　　　を設立事業年度の末日までに提出

設立日より登録を受けたものとみなされる！

〈2〉新規に開業した個人事業主

　　　その年分の末日までにその旨を記載した
　　　「登録申請書」と「課税事業者選択届出書」
　　　を提出

事業開始した日から「インボイス登録」を
受けたものとみなされる！
免税事業者には＜6年ルール＞を適用

2 相続が発生した場合

相続が発生した場合のインボイスの取り扱いについて見ていきます。

＜インボイス制度開始前の相続＞

令和5年10月以前に相続が発生した場合は「インボイス」に関係しませんので、相続人は「個人事業者の死亡届出書」を提出してください。

＜インボイス制度開始後の相続＞

インボイス発行事業者が、死亡した場合には、相続人は「適格請求書発行事業者の死亡届出書」を税務署長に提出しなければなりません。

そのインボイス登録の効力について事業承継する相続人がいない場合といる場合のそれぞれのケースでみていきましょう。

(1) 事業承継した相続人がいない場合 ……… 事業を承継した相続人がいない場合は次の①と②のいずれか早い日に失効します

① 被相続人の死亡日の翌日から4か月を経過した日

② 「適格請求書発行事業者の死亡届出書」の提出日の翌日

(2) 事業承継した相続人がいる場合 ……… 事業を承継した相続人は、下記の「みなし登録期間」中は、相続人をインボイス発行事業者とみなして、被相続人の登録番号を相続人が、代用します。

※ 「みなし登録期間」とは、相続があった日の翌日から①と②のいずれか早い日までの期間。

① 相続人が登録を受けた日の前日

② 被相続人の死亡日の翌日から4か月を経過する日

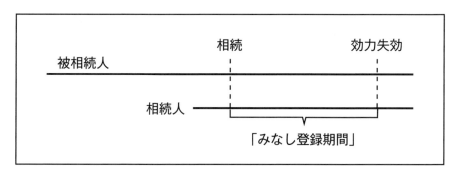

「みなし登録期間」経過後は相続人が、新たにインボイス登録する必要があります。

望ましいのは、相続発生後、速やかに相続人がインボイス登録をするべきなのですが、相続直後の諸事情ですぐには登録申請ができず、みなし登録期間の後半に出し、「みなし登録期間」終了後に登録又は処分の通知がない場合には通知が相続人に届くまでの期間はみなし登録期間とみなされ、インボイスの交付は被相続人の登録番号によることとなります。

＜みなし登録期間延長の特例＞

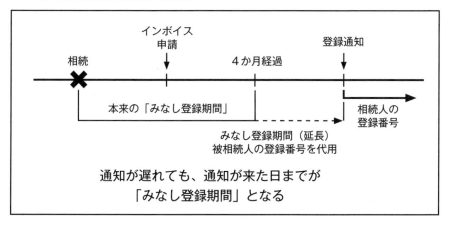

■ PART VI

返還インボイス

1 返還インボイスとは

　インボイス発行事業者は、課税事業者に売上に係る値引きや割戻し等の対価の返還等を行う場合には、次に掲げる事項を記載した適格返還請求書（返還インボイス）を交付する義務があります。

① 　適格請求書発行事業者の氏名又は名称及び登録番号
② 　売上げに係る対価の返還等を行う年月日及びその売上げに係る対価の返還等の基となった課税資産の譲渡等を行った年月日（適格請求書を交付した売上げに係るものについては、課税期間の範囲で一定の期間の記載で差し支えありません）
③ 　売上げに係る対価の返還等の基となる課税資産の譲渡等に係る資産又は役務の内容（売上げに係る対価の返還等の基となる課税資産の譲渡等が軽減対象資産の譲渡等である場合には、資産の内容及び軽減対象資産の譲渡等である旨）
④ 　売上げに係る対価の返還等の税抜価額又は税込価額を税率ごとに

区分して合計した金額

⑤　売上げに係る対価の返還等の金額に係る消費税額等又は適用税率

≪適格返還請求書の記載例≫

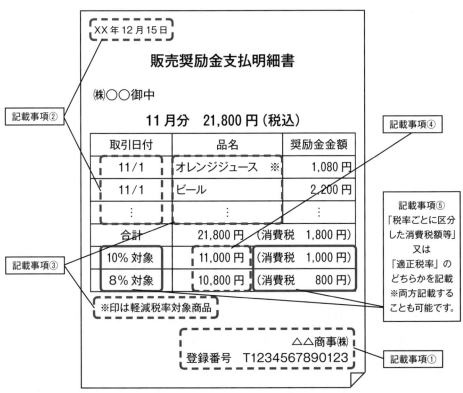

≪返還インボイスの概要≫

売上の値引きや割戻し等の対価の返還等を行う場合

「返還インボイス」を
交付する義務がある

＜返還インボイス記載事項＞

① インボイス発行事業者の名称及び登録番号

② 対価返還の年月日及び返還の基となった
譲渡等を行った年月日

③ 対価返還等の基となる課税資産の譲渡等に
係る資産又は役務の内容

④ 対価返還等の税率ごとの金額

⑤ 対価返還等の消費税額又は税率

2　返還インボイスに記載する基になる売上年月日

　返還インボイスには、「売上げに係る対価の返還等の基となった課税資産の譲渡等を行った年月日」を記載することとされています。

　この点、「売上げに係る対価の返還等の基となった課税資産の譲渡等を行った年月日」は、課税期間の範囲内で一定の期間の記載で差し支えありませんので、例えば、月単位や「○月～△月分」といった記載も認められることとなります。

　なお、「合理的な方法により継続を要件として」、「前月末日」、「最終販売日」も認められています。

3 インボイスと返還インボイスを１つの書類で交付する方法

　「インボイス」と「返還インボイス」は、必ずしも、別々に作成する必要はなく、１枚の書類に「インボイス」と「返還インボイス」の必要な記載内容を満たしていれば、双方のインボイスを交付したこととなります。

　たとえば、今年の売上に係るインボイスに先月の返品、値引き等の返還インボイスに必要な事項を記載していれば、１枚の請求書を交付することで差し支えありません。

　また、継続して、課税資産の譲渡等の対価の額から売上げに係る対価の返還等の金額を控除した金額及びその金額に基づき計算した消費税額等を税率ごとに請求書等に記載することで、適格請求書に記載すべき「課税資産の譲渡等の税抜価額又は税込価額を税率ごとに区分して合計した金額」及び「税率ごとに区分した消費税額等」と適格返還請求書に記載すべき「売上げに係る対価の返還等の税抜価額又は税込価額を税率ごとに区分して合計した金額」及び「売上げに係る対価の返還等の金額に係る消費税額等」の記載を満たすこともできます（インボイス通達3-16）。

≪記載例≫

【課税資産の譲渡等の金額と対価の返還等の金額をそれぞれ記載する場合】

請求書

㈱○○御中　　　　　　　　　　　XX 年 12 月 15 日

11 月分　98,300 円 (税込)
(11 / 1 ～ 11 / 30)

日付	品名	金額
11 / 1	オレンジジュース　※	5,400 円
11 / 1	ビール	11,000 円
11 / 2	リンゴジュース　※	2,160 円
⋮	⋮	⋮
合計	109,200 円　(消費税 9,200 円)	
10％ 対象	66,000 円　(消費税 6,000 円)	
8％ 対象	43,200 円　(消費税 3,200 円)	
販売奨励金		
10/12	リンゴジュース　※	1,080 円
⋮	⋮	⋮
合計	10,900 円　(消費税　900 円)	
10％ 対象	5,500 円　(消費税　500 円)	
8％ 対象	5,400 円　(消費税　400 円)	
請求金額	98,300 円	

適格請求書として
必要な記載事項

適格返還請求書として
必要な記載事項

※は軽減税率対象商品

△△商事㈱
登録番号 T1234567890123

≪記載例≫

【対価の返還等を控除した後の金額を記載する場合の記載例】

請求書

㈱○○御中 　　　　　　　　　XX 年 12 月 15 日

11 月分　98,300 円（税込）
（11/1 ～ 11/30）

日付	品名	金額
11/1	オレンジジュース　※	5,400 円
11/1	ビール	11,000 円
11/2	リンゴジュース　※	2,160 円
⋮	⋮	⋮
合計	109,200 円　（消費税 9,200 円）	

販売奨励金		
10/12	リンゴジュース　※	1,080 円
⋮	⋮	⋮
合計	10,900 円　（消費税　900 円）	
請求金額	98,300 円　（消費税 8,300 円）	
10% 対象	60,500 円　（消費税 5,500 円）	
8% 対象	37,800 円　（消費税 2,800 円）	

※は軽減税率対象商品

△△商事㈱
登録番号 T1234567890123

継続的に、
①課税資産の譲渡等の対価の額から売上げに係る対価の返還等の金額を控除した金額及び②その金額に基づき計算した消費税等を税率ごとに記載すれば記載事項を満たします。

企業のインボイス対策

. . . .

1 登録番号を取得したら3種類のインボイス対策を始めよう

　これまで、「インボイス制度」の概要、登録番号の取得について述べてきました。

　では、これから、具体的な「インボイス対策」をどのようにすすめていけばよいのでしょうか。企業がやるべき「インボイス対策」は、3つです。

(1)　1つ目は、「自社発行の請求書、納品書、領収書をインボイスにすること」です。

　　自社発行のインボイスとは、自社から得意先に発行する請求書等のことをいいます。まず、自社発行の請求書等を「インボイス」にすることが重要です。

(2)　2つ目は、一番重要な「インボイスチェック」である「仕入先からの請求書、納品書等のインボイスチェック」です。

　　これは、仕入税額控除に直結していることで、数多くの仕入先発行の請求書等を適正なインボイスとなるように仕入先と相談していかな

ければなりません。

　また、免税事業者への確認もしなければなりません。

(3)　3つ目は、「現金支出の販売経費、営業経費等の領収書のインボイスチェック」です。

　適格請求書（インボイス）とは、請求書、納品書、領収書等のことをいいますので、当然、領収書も「インボイス」の要件を満たす必要があります。大企業は、販売経費、営業経費等も膨大になりますので、入念にチェックをすべきです。手書き領収書でインボイス対応していないものもありますので、スクラップブックのチェックが必要となります。

　このように、「インボイス対策」は、企業活動の重要な部分を占めていますので、企業の発展のためには必要不可欠なものなのです。

　すぐに着手する必要があります。

≪インボイス対策は３種類≫

＜１＞　自社発行の請求書、納品書、領収書を「適正なインボ
　　　　イス」に

＜２＞　仕入先からの請求書、納品書等のインボイスチェック
　　　　適正なインボイスでないと、「仕入税額控除」ができ
ません！
※　最重要です！

免税事業者のチェックも重要！

＜３＞　現金支出の販売経費、営業経費の領収書は適正項目が
　　　　記載されているか？

大企業も入念にチェックを！
年商１億円以下の企業は、
「少額特例」（P159を参照）に注意！

2 最初は自社発行のインボイスチェックを

　最初に、企業が登録番号を取得して行うべき「インボイスチェック」は、自社の請求書、領収書が「インボイス」に適合しているのかをチェックすることです。

　課税事業者は、登録番号を入手するとともに、自社の請求書、領収書が「インボイス制度」にどれだけ対応しているのかをチェックする必要があります。

　商品を納品して発行する請求書や現金売上時に発行する領収書が、インボイスの適正項目の要件を満たしているのかをチェックし、不備があれば登録番号を含め、どのような形式に変更するのかを検討しなければなりません。

　また、自社発行のインボイスは、得意先（クライアント）にとっては仕入税額控除となる重要書類なので、登録番号が取得できたら、速やかに報告書で各クライアントに連絡しましょう。先方の安心感につながります。

　そこで、自社のインボイス対応が、どのようになるのかを説明することにより、信頼関係がより一層高まります。

　次に、得意先（クライアント）に提出する報告書のサンプルを記載しましたので、参考にしてください。

　　　　　　　　　　　　　　令和　年　　月　　日

株式会社△△御中

　　　　　　　　　　　　　　株式会社　△△△△△

　　　　　　　適格請求書発行事業者登録のご報告

拝啓　貴社ますますご清栄のこととお喜び申し上げます。平素より格別のご高
配を賜り、厚く御礼申し上げます。
さて、令和5年10月1日に、適格請求書等保存方式（インボイス制度）が開
始する予定です。
弊社は、登録申請手続きを完了いたしましたので、適格請求書発行事業者登録
番号をご通知いたします。

　　　適格請求書発行事業者登録番号　T 0-1234-5678-9999

　　　上記の登録番号は、国税庁ホームページの「適格請求書発行事業者公表サ
　　　イト」にてご確認いただくことができます。
　　　また、弊社のインボイス及びその交付方法は、後日ご報告させていただき
　　　ます。

弊社のインボイス制度運用について、ご質問等がございましたら、下記にご
連絡いただきますよう、お願い申し上げます。

　　　　　　　　株式会社　△△△△△　インボイス対応室
　　　　　　　　担当者　　：　○○○○
　　　　　　　　電話番号　：　＊＊＊＊＊＊＊＊＊＊＊＊＊＊＊＊＊

　　　　　　　　　　　　　　　　　　　　　　　　敬具

≪自社発行インボイスをチェック≫

登録番号入手する

自社の請求書、領収書チェック

クライアント（得意先）に「登録番号」
と「自社インボイス」を通知、説明

信頼感がアップ！

3　2番目は一番重要な仕入先のインボイスチェック　～仕入税額控除に直結～

＜仕入先、外注先＞

　「インボイス制度」の一番重要な目的として挙げられることは、「仕入税額控除」のために適正な「インボイス」を取得し、保存することです。そのためには、数多くの仕入先、外注先が発行する請求書、納品書、仕入明細書、領収書等が、適正な項目が記載された「インボイス」でなければなりません。

　「インボイス制度」における仕入税額控除のポイントは、＜買手＞＜仕入＞の側でインボイスとなるべき書類を保存できて初めて成立するということです。そのために、仕入先から発行される現行の請求書等のチェックが必要となります。

　まずは、各仕入先に次の書面を送付して、登録番号取得の有無を確認しましょう。登録番号の取得は令和5年9月30日までですので、早めの対応が必要です。

　次に、各仕入先の発行する請求書、納品書、領収書が、その登録番号を含めて適正なインボイス要件を満たしているのかをチェックします。不備があれば相手先に変更をお願いしましょう。

　変更をするには、先方も販売管理ソフト・レジソフトの変更又は請求書、領収書の印刷変更が必要になりますので、それぞれ時間がかかります。

　令和5年10月に間に合わせるためには、時間が迫っています。すぐに対応していきましょう。

＜免税事業者＞

　また重要なこととして、仕入先、外注先が免税事業者の場合には、次の書面により相手先の現状を確認し、課税事業者への要請及び契約見直し等の対応を検討する必要があります。免税事業者選択と登録番号の取得も令和5年9月30日までですので、十分な注意が必要です。

　10月1日以後に登録する事業者についても、引き続き同様のチェックをする必要があります。

令和　年　　月　　日

株式会社○○御中

株式会社　△△△△△

適格請求書発行事業者登録番号のご通知とご依頼

拝啓　貴社ますますご清栄のこととお喜び申し上げます。平素より格別のご高配を賜り、厚く御礼申し上げます。
さて、令和5年10月1日に、適格請求書等保存方式（インボイス制度）が開始する予定です。
そこで、弊社の適格請求書発行事業者登録番号をご通知するとともに、貴社の登録番号について、ご連絡をいただきますようお願い申し上げます。

敬具

記

1.　弊社は、登録申請手続きを完了いたしましたので、適格請求書発行事業者登録番号をご通知いたします。

適格請求書発行事業者登録番号　Ｔ０-１２３４-５６７８-９９９９

上記の登録番号は、国税庁ホームページの「適格請求書発行事業者公表サイト」にてご確認いただくことができます。

2.　貴社が、登録手続きを完了されましたら、次の事項をお知らせください。

①　貴社の適格請求書発行事業者登録番号
②　貴社の適格請求書の交付の方法
③　インボイス制度に関する貴社のお問い合わせ窓口

なお、適格請求書発行事業者の登録をされない場合は、その旨をご連絡ください。

以上

ご不明な点がありましたら、下記担当者までご連絡いただきますようお願い申し上げます。

インボイス対応室○○○○

≪仕入先のインボイスチェックをしよう！≫

"インボイス制度の最重要項目"

これが不完全だと、
「仕入税額控除」ができない！

消費税納税増加

＜仕入、外注先＞
　　仕入先、外注先の発行する請求書、納品書、
　　領収書等は適正なインボイス要件を
　　満たしているかチェック

不備があれば、早めに修正を依頼！

＜免税事業者＞
　　　　書面で現状確認
　　　課税事業者へ変更の要請
　　　契約見直しの検討

4 最後に現金支出の販売経費、営業経費、領収書のインボイスチェック

「インボイス対策」は、売上、仕入の請求書、納品書等に関心がいきますが、「領収書」が「適格請求書」であるのかどうかが重要になってきますので、最後に、現金支出の「領収書」についてみていきましょう。

「インボイス」とは、請求書、納品書、領収書と明示されています。

企業活動で売上、仕入以外のいわゆる「販売費及び一般管理費」のことで、具体的には、販売経費、事務経費、営業経費等で営業マンや経理担当者が現金支出して受領する領収書は、「インボイス制度」においては適正な項目が記載された「インボイス」でなければなりません。

このことは、「請求書、納品書」に比べてあまり重要視されていません。ただし、大きな企業になると、営業マンが接待で使う営業経費も経理が支出する販売経費も膨大な金額になります。

飲食店の領収書や個人商店の領収書は手書きが多く、「日付」、「金額」、「店名」しか記入していないケースも多く見られます。まずは、自社の現金支出のスクラップブックのチェックから始めましょう。

レジを使ったレシートは、インボイス対応のバージョンアップをすると思われますので大丈夫ですが、問題なのは「手書きの領収書」です。

PART Ⅶでも詳しく述べますが、レジのある事業者のお店に切り替えるか、依頼が可能であれば「手書き領収書」からレジ導入への移行が有利であることを伝えてあげてもいいと思います。

≪現金支出の領収書をチェック≫

「販売費及び一般管理費」の領収書が
「適正なインボイス」かチェック！

営業マン、経理・総務担当者が
現金支出した「領収書」が
適正項目が記載された
「適格領収書」であるか！

手書き領収書は要注意
レジ発行の領収書も記載内容をチェック

大企業、中小企業を問わず、「仕入税額控除」を行う
すべての企業が対象！

■ PART Ⅷ

手書き領収書を発行する業者の対応

・・・・・・・・・・・・・・・・・・・・・・・・・・・・・・・・・・・

1 手書きの領収書を発行する事業者はインボイス対策が必要

　一般的に、「手書き領収書」を発行している飲食店、居酒屋、各種の小売業者等は、世間では数多く見受けられます。

　今回のインボイス制度で、課税事業者が仕入税額控除でこれらの手書き領収書を適用しようとすると、その領収書がインボイス対応している必要が出てきます。

　それらの領収書が、適正項目のインボイス要件を満たしているのかが、ポイントになります。

　これを機会にレジを導入する予定の事業者は、なるべく早く導入すべきです。最近は半導体不足なので、納品に時間がかかります。早めの対応が必要となります。

　手書き領収書の項目を追加してインボイス対応したい場合は、次の2の内容を参考に速やかに、対処すべきです。

「手書き領収書」を発行している事業者は多数

「インボイス制度」において
インボイスとして有効か？

インボイスとして
適正項目記載は必須事項

レジ導入は早期に検討すべき

2 銀座のクラブの領収書がインボイスにならない ～手書きの領収書をインボイスにする方法～

　東京・銀座にあるような高級クラブの領収書は、店名の入った立派な領収書を発行しますが、インボイスとして記入すべき適正項目は入っていません。

　しかも、「20,000円」、「30,000円」、「50,000円」という丸い数字の金額がほとんどです。「19,800円」のような、スーパーマーケットみたいな数字はほとんど見ません。

　大企業の社長、重役の方たちがたくさん利用する銀座のクラブの領収書がインボイスでないと、その大企業の消費税の納付額が何割かアップすることになります。

　また、クラブのお店側も大問題です。インボイス対応の領収書を出していないと、常連のお客さんが来なくなるリスクがあります。

　そこで、売上げ激減のリスクを回避するために、お店の「手書きの領収書をインボイスにする方法」が必要となるのです。

　この方法は、国税庁の「インボイスＱ＆Ａ」「問27」にあります。

　通常、飲食店やバー、クラブの領収書は、金額と日付と店名が入った次の領収書が一般的です。ただし、これでは「インボイス」になりません。

　では、この領収書を「インボイス」にする方法を説明しましょう。

　なお、「簡易インボイス」の適用もありますが、「相手先」、「税率又は税額」が記載不要になるだけで、基本的な項目は記入しなければなりません（P23参照）。

＜インボイス対応前の領収書＞

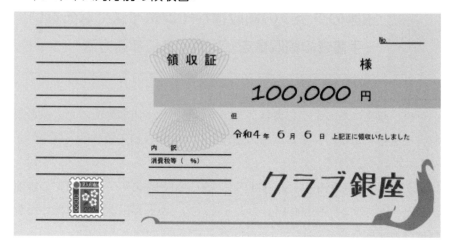

　このような手書きの領収書をインボイス対応の領収書にするには、次の9項目を記入する必要があります。

＜インボイス対応後の領収書＞

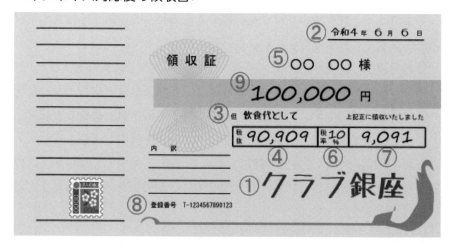

① 店舗名

② 日付

③ 内容（飲食代）

④ 税抜金額

⑤ 相手先

⑥ 税率（10％）

⑦ 消費税

⑧ 登録番号

⑨ 税込金額（総額）※

※　税抜金額だけでも要件は満たしますが、支払総額は必ず記
入しますので、記入要件にしています。

＜注　意　点＞

9項目を記入するポイントは、支払総額（税込金額）100,000円から
1.1で割り戻した税抜金額（90,909円）に10％の税率を乗じて算出した
税額と税抜金額との合計が、端数処理の方法で支払総額（100,000円）に
ならない場合がありますので、注意が必要です。

銀座の高級クラブの領収書は
「インボイス」になっているか！

インボイス適合要件の項目が
記載されていないケースが多い

大企業の消費税の
「仕入税額控除」ができない

消費税　増額

このままでは、
高級クラブが接待で使われなくなる

売上げ　激減

「手書き領収書」をインボイスにする方法を
すぐにやるべし！

端数処理に注意して作成する

「手書き領収書」で対応する場合は、ノウハウが必要！

3 大企業営業マンの営業経費領収書には 「インボイスにならない」リスクが

　今回の「インボイス制度」について、中小企業・免税事業者は対策を考えていますが、大企業の方はほとんど問題意識を持っていない方が多く見受けられます。

　「うちの会社のデジタル化は完璧でDX（デジタルトランスフォーメーション）が電子インボイスにも対応している」とよくいわれます。はたしてそうでしょうか？

　PART Ⅵでも述べましたように、「企業のインボイス対策」で、自社及び仕入先、取引先のインボイス対策は完璧でしょうが、インボイス対策の3番目の現金支出の販売経費、営業経費の対策が中小企業以上に重要となってきます。

　大企業には、社員が数万人以上の会社がたくさんあります。「営業マン」の数も膨大でしょう。

　その営業マンが、九州から北海道まで日本中を営業して、宿泊し、接待、会食、土産物、事務用品の購入などで「営業経費」を使います。その経費は、後日に出張旅費等の経費精算をします。その精算する領収書が「インボイス」になっているのかが、大きな問題なのです。

　九州の温泉地のスナックでお客を接待することもあるでしょう。その領収書は、適正な項目がビッシリ記入してある「インボイス領収書」でしょうか。通常は、金額と日付と店名のみが記入された手書き領収書でしょう。登録番号を取得しているかも当然不明です。

　大企業の営業マンの膨大な営業経費がインボイスでないと、消費税額は

激増します。大企業は、社員も仕訳数も経費総額も膨大です。よって、イ
ンボイスの影響も大きく受けるのです。総務経理部門が扱う「販売経費」
にも、同じことがいえます。

　大企業は、「インボイス制度」の対策を真剣に考えるべきだと思います。

　対策としては、まずはインボイスに対応していない領収書の件数の把握
です。

　そして次の対策として、いつも利用しているその飲食店等が、インボイ
ス対策を積極的にやって、今後「インボイス」を発行してくれるかを調査
します。対応してもらえない場合は、インボイス対応のお店に替えるべき
でしょう。

　大企業は、課税売上が1億円超なので、令和5年度税制改正の「少額特
例」も適用できません。厳密なインボイス対策が必要となります（P168を
参照）。

大企業の社員は、
自社の「インボイス対策」は
万全と思っている

電子インボイス
DX（デジタルトランスフォーメーション）は完璧

「営業マン」数万人の会社　多数

全国で「お客様」との接待・会食・土産物等の
「営業経費」膨大

領収書が「インボイス」になっているのかが問題！

「手書きの領収書」は、ほぼなってない

全国のクラブ・バーの領収書をチェックしましょう！

4 簡易課税の事業者も影響大 ～手書き領収書では売上げ激減～

「インボイス制度」において、簡易課税事業者は、仕入税額控除をしないで売上の一定率（みなし仕入率）により消費税を計算するので、インボイスは関係ないといわれています。果たしてそうでしょうか。

特に、飲食業の事業者は、影響があると考えます。

例えば、売上4,000万円の居酒屋で領収書は、店名と金額、日付のみの手書きの領収書を発行しているとインボイスに対応していないので、インボイスで課税仕入れをしたいビジネス客は来店しなくなるでしょう。

コロナ禍が収まって、他の店はV字回復をしているのに、自分の店だけは客が減っているということが考えられます。

そういうビジネス客を相手にするお店は、登録番号を取得し、インボイスを発行できる体制作りをして、その次にインボイス対応のレジを導入すべきです。インボイス対応のレジを導入することで、飲食店はビジネス客の来店が見込めることになるので、売上げの減少を防げます。

ただし、レジは半導体を使っていますので、期限ギリギリの発注では令和5年10月の「インボイス制度」のスタートに間に合わない可能性がありますので、なるべく早めに発注対応することをお勧めします。

令和5年10月以後にインボイス登録する事業者も、レジの発注は早めに行いましょう。

インボイス制度で、
「簡易課税事業者」は「仕入税額控除」しない

「インボイス対策」は必要ないといわれている

特に飲食業の事業者は影響アリ！

インボイスでない「手書きの領収書」では、
ビジネス客に対応できない

売上げ減少のリスク

インボイス発行の必要性

レジの検討も必須！

◆ PART Ⅸ

仕入税額控除の要件

1 保存要件

「インボイス制度」のポイントは、一定要件のもとに認められる「仕入税額控除」にあります。

その要件として挙げられるのが、「必要事項を記載した帳簿及びインボイス等の保存」です。

ただし、災害その他やむを得ない事情により、その保存することができなかったことをその事業者において証明した場合には、その保存がなくても仕入税額控除の適用を受けることができます。

なお、原則として、その帳簿については閉鎖した日（決算日）、インボイス等については受領した日（電子データがあれば提供を受けた日）の属する課税期間の確定申告期限から7年間、納税地又は事務所等の所在地に保存しなければなりません。

ただし、確定申告期限から5年間を超えた期限については、帳簿又はインボイス等のいずれかの保存によることができます。

インボイス制度のポイント

「仕入税額控除」

≪保存要件アリ≫
　「必要事項を記載した帳簿及びインボイス等の保存」

≪保存期間≫
　〈帳　　　簿〉　閉鎖した日（決算日）
　〈インボイス〉　受領した日（電子データは提供を受けた日）

　　　　　　　上記の属する課税期間の申告期限から７年間

　　　※　５年間を超えた期限は、
　　　　　帳簿又はインボイス等のいずれかの保存

2 保存要件を満たす書類の範囲

仕入税額控除の保存要件を満たす書類等は、次のとおりです。

≪保存すべき書類の範囲≫

① 適格請求書（インボイス）

② 適格簡易請求書（簡易インボイス）

③ インボイスの記載事項を満たす仕入明細書、仕入計算書等（相手方の確定を受けたものに限る）

④ 次の取引について、媒介又は取次ぎを行う者が作成する一定の書類

(イ) 生鮮食品等の出荷者が卸売市場において行う生鮮食料品等の販売（出荷者から委託を受けた卸売業者が卸売の業務として行うものに限る）

(ロ) 農林水産物の生産者が農協等に委託して行う農林水産物の販売（無条件委託方式かつ共同計算方式により生産者を特定せずに行うものに限る）

⑤ 上記①～④の書類に係る電子データ（電子インボイス等）

＜簡易課税制度を適用する場合＞

簡易課税制度を適用している場合には、仕入税額につき実額計算を行いません。したがって、簡易課税制度において、インボイス等の書類の保存は仕入税額控除の要件ではありません。

3 帳簿の記載事項

　「インボイス制度」の仕入税額控除の帳簿の記載事項は、次に掲げる事項となります。区分記載請求書等保存方式の記載事項と同様です。

≪適格請求書等保存方式の帳簿の記載事項≫

① 課税仕入れの相手方の氏名又は名称 ※1

② 課税仕入れを行った年月日

③ 課税仕入れに係る資産又は役務の内容 ※2

　（軽減対象資産の譲渡等に係るものである旨）

④ 課税仕入れに係る支払対価の額

　※1　その事業者を特定することができれば、屋号や省略した名称などを記載することもできます。

　※2　青果店であれば、「野菜」、「食料品」など、商品の一般的な総称でまとめて記載することができます。

　　　また、商品コード等の記号、番号等によることもできます。

4 帳簿のみの保存により仕入税額控除が認められる課税仕入れ

　書類の交付を受けることが困難な取引として、次に掲げるものについては、帳簿の保存のみで、仕入税額控除を適用することができます。

①　公共交通機関である船舶、バス又は鉄道による旅客の運送として行われるもの（3万円未満のものに限る）

②　適格簡易請求書の要件を満たす入場券等が使用の際に回収されるもの

③　古物営業を営む者が適格請求書発行事業者でない者から棚卸資産を買い受けるもの

④　質屋を営む者が適格請求書発行事業者でない者から棚卸資産を買い受けるもの

⑤　宅地建物取引業を営む者が適格請求書発行事業者でない者から棚卸資産を買い受けるもの

⑥　適格請求書発行事業者でない者から再生資源又は再生部品（棚卸資産に限る）を買い受けるもの

⑦　自動販売機からのもの（3万円未満のものに限る）

⑧　郵便切手を対価とする郵便サービス（郵便ポストに差し出されたものに限る）に係るもの

⑨　従業員等に支給する通常必要と認められる出張旅費、宿泊費、日当及び通勤手当等に係るもの

5 区分記載請求書等保存方式との違い

　区分記載請求書等保存方式では、「支払金額が３万円未満の場合」及び「請求書等の交付が受けられなかったことにつきやむを得ない理由がある場合」については、一定事項を記載した帳簿の保存のみで、仕入税額控除が認められています。

　しかし、インボイス導入後は、前記４の①〜⑨以外の取引については、インボイス等の書類の保存がなければ仕入税額控除はできません。

　どんなに少額でもインボイスが必要で、前述したとおり追記も一切できません。

　「インボイス制度」の厳格さが分かります。十分に注意して、実務を行う必要があります。

■ PART X

インボイス制度の経過措置

1 「経過措置」の内容と期間

　「インボイス制度」が、令和5（2023）年10月からスタートします。しかし、この短期間で準備できない企業もたくさんあります。

　そこで、この制度を厳格に適用し、仕入税額控除をインボイスは100％、それ以外は0％とすると、いきなり消費税が何割もアップする企業が出るに違いありません。

　こういう事態を避けるために、「激変緩和措置」として最初の3年間はインボイス以外の領収書等に関しては80％の仕入税額控除ができ、次の3年間は50％の仕入税額控除ができるという制度を設けられています。

　これが、インボイス制度の「経過措置制度」です。

＜経過措置の適用間と仕入税額＞

期　　間	割　　合
令和 5 年 10 月 1 日から令和 8 年 9 月 30 日まで	仕入税額相当額の 80%
令和 8 年 10 月 1 日から令和 11 年 9 月 30 日まで	仕入税額相当額の 50%

＜タイムスケジュール＞

R 5. 10. 1　　　R 8. 10. 1　　　R 11. 10. 1

仕入税額相当額 ×100%	仕入税額相当額 ×80% （経過措置）	仕入税額相当額 ×50% （経過措置）	仕入税額控除なし

≪インボイス制度≫

令和５年10月スタート

インボイスは100％仕入税額控除
それ以外は０％仕入税額控除

消費税の大増税になる

「激変緩和措置」

「経過措置」
インボイス以外の領収書等の
80％仕入税額控除可

ただし、「区分記載請求書等保存方式」が必要！

すべて80％控除ではない！
"要 注 意"

2 「経過措置」の対象者と範囲

　「インボイス制度」の「経過措置」を適用する場合において、その対象者の範囲ということがたいへん重要になってきます。

　「インボイスQ＆A」「問110」には、「適格請求書発行事業者以外の者からの課税仕入れであっても、仕入税額相当額の一定割合を仕入税額とみなして控除できる」（28年改正法附則52，53）とあります。

　附則第52条には、インボイス前の「区分記載請求書等保存方式」で認められた課税仕入れについては、「適格請求書」とみなして課税仕入れの一定額を控除できるとあります。

　したがって、「経過措置」の対象者と範囲は、次のものです。

⑴　免税事業者から課税仕入れ

⑵　課税事業者でインボイス登録をしていない者からの課税仕入れ

⑶　インボイス発行事業者が発行したインボイスの記載項目に不備がある者からの課税仕入れ

　このように、免税事業者や登録をしていない事業者のみならずインボイス登録事業者が発行するインボイスで要件不備の場合は、「経過措置」の適用の対象となります。

　ただし、区分記載請求書等保存方式の要件を満たし、帳簿に「80％控除対象」などと記載が必要となりますので、後日の税務調査でインボイスの不備が指摘された場合には、「経過措置」の対象にもなりませんので、注意が必要です。

≪「経過措置」の対象者と範囲≫

（１）　免税事業者から課税仕入れ

（２）　課税事業者でインボイス登録をしていない者からの
　　　　課税仕入れ

（３）　インボイス発行事業者が発行したインボイスの記載
　　　　項目に不備がある者からの課税仕入れ

　　　要　　件
　　　　　┌　「区分記載請求書等保存方式」
　　　　　└　帳簿に「80％控除対象」の記載

3 経過措置の「インボイス以外の領収書は80％控除される」には要件がある

　ここで問題なのが、この「経過措置」でインボイス以外の領収書は、お釈迦様の手のように、すべて80％で救っていただけると思っている方が多くいるということです。

　この「経過措置」には、要件があります。この要件が、結構厳しいのです。

　インボイスは、請求書、領収書等に9項目の適正項目を記入しないといけないという要件ですが、「経過措置」においても、インボイス制度の直前までの「区分記載請求書等保存方式」というインボイスに近い項目の記入が必要となるのです。

　ということは、「経過措置」を適用するには、厳しい要件があるということに留意してください。

　インボイス以外の領収書は「経過措置」でお釈迦様が80％で救ってくださると思っている方は、消費税額が大きく違ってくるので、調査で否認されるリスクが出てくるのです。

　経理、入力担当者は、くれぐれも注意して会計データの入力を行ってください。

4 区分記載請求書等保存方式とは

　ここでは、「経過措置」の要件となっている「区分記載請求書等保存方式」をみていきましょう。

　区分記載請求書等保存方式とは、令和元（2019）年10月の「軽減税率」導入の際に、軽減税率制度へのスムーズな移行のために採用された、消費税に関する書類の処理方法です。

　従来の「請求書等保存方式」に比して、領収書・請求書等に記載する事項が1項目増えて、「6項目」の記載が要件となります。

　インボイスが9項目とすれば、「区分記載請求書等保存方式」も6項目と、ある程度の精度が必要となります。

　「上様」、「お品代」、「日付空欄」などでは対象とならず、経過措置の適用はできませんので、注意が必要です。

　具体的には、次の内容です。

≪区分記載請求書≫

① 書類作成者の氏名又は名称

② 課税資産譲渡等の年月日

③ 譲渡に係る資産又は役務の内容

④ 税率ごとに合計した対価の額

⑤ 交付を受ける者（支払者）の氏名又は名称

⑥ 軽減税率対象資産の譲渡等に係るものである旨

「お釈迦様の手」のように、無条件では救っていただけない！

インボイス ‥‥‥‥‥ 9項目

区分記載請求書等保存方式 ‥‥‥‥‥ 6項目

≪区分記載請求書≫

請求書

⑤

⟨〇〇御中⟩

令和×年△月〇日

131,200 円（税込）

日付	③ 品名	金額
② ⟨11/1⟩	⟨小麦粉　※⟩	⟨5,400 円⟩
11/1	牛肉　※	10,800 円
11/2	キッチンペーパー	2,200 円
⋮	⋮	⋮
合計		131,200 円
10％対象	④	⟨88,000 円⟩
8％対象		43,200 円

⑥ ⟨※は軽減税率対象⟩

① ⟨△△商事㈱⟩

≪各様式と記載事項の比較≫

記載事項	株　式		
① 発行者の氏名又は名称	現行前の請求書等	区分記載請求書等	適格請求書等（インボイス）
② 取引年月日			
③ 取引の内容			
④ 取引金額 　　税率ごとの対価（区分記載）			
⑤ 受領者の氏名又は名称			
⑥ 軽減税率対象資産の譲渡等に 　　係るものである旨			
⑦ 登録番号			
⑧ 税率ごとの消費税額			
⑨ 税率ごとの適用税率			

5 これが重要！ 経過措置の要件

「経過措置」を受けるためには、次の事項が記載された帳簿と請求書等の保存が要件となります。

1 帳　　簿

区分記載請求書等保存方式の記載事項に加え、例えば、「80％控除対象」など、経過措置の適用を受ける課税仕入れである旨の記載が必要となります。

具体的には、次の事項となります。

> ① 課税仕入れの相手方の氏名又は名称
> ② 課税仕入れを行った年月日
> ③ 課税仕入れに係る資産又は役務の内容（課税仕入れが他の者から受けた軽減対象資産の譲渡等に係るものである場合には、資産の内容及び軽減対象資産の譲渡等に係るものである旨）及び経過措置の適用を受ける課税仕入れである旨
> ④ 課税仕入れに係る支払対価の額

③の「経過措置の適用を受ける課税仕入れである旨」の記載については、個々の取引ごとに「80％控除対象」、「免税事業者からの仕入れ」などと記載する方法のほか、例えば、この経過措置の適用対象となる取引に、「※」や「☆」といった記号・番号等を表示し、かつ、これらの記号・番号等が「経過措置の適用を受ける課税仕入れである旨」を別途「※（☆）は80％控除対象」などと表示する方法も認められます。

2 請求書等

　区分記載請求書等と同様の記載事項が必要となります（区分記載請求書等に記載すべき事項に係る電磁的記録を含みます）。

　具体的には、次の事項となります。

① 　書類の作成者の氏名又は名称

② 　課税資産の譲渡等を行った年月日

③ 　課税資産の譲渡等に係る資産又は役務の内容（課税資産の譲渡等が軽減対象資産の譲渡等である場合には、資産の内容及び軽減対象資産の譲渡等である旨）

④ 　税率ごとに合計した課税資産の譲渡等の税込価額

⑤ 　書類の交付を受ける当該事業者の氏名又は名称

　インボイス発行事業者以外の者から受領した請求書等の内容について、次の記載がない場合に限り、例外的に受領者が自ら請求書等に追記して保存することが認められています。

・ 資産の内容（軽減税率対象資産のみ）

・ 軽減税率対象資産の譲渡等である旨

・ 税率ごとに合計した課税資産の譲渡等の税込金額

　インボイス制度では、追記は一切認められていませんので、「経過措置」の「追記」容認は例外中の例外ということで、注意が必要です。

会計ソフトの入力方法が大きく変わる

1 インボイス対応の会計ソフト入力が複雑に

「インボイス制度」が令和5（2023）年10月にスタートしますが、一番大きな影響があるのが会計ソフトの入力です。

会計データの入力は、大企業から中小企業、個人事業主にかかわらず、すべての企業において行われている企業経営の根幹に関わることなのです。

今回のインボイスのスタートで、その会計ソフトの内容が大きく変わります。

会計データの入力には、必ず課税コードがあります。これは、消費税の「課税コード」という意味です。課税コードは、現行では、「課税」、「非課税」、「不課税」の3種類に分かれています。

> 「課　税」……… ほとんどの取引は課税
> 「非課税」……… 印紙、住宅家賃、土地譲渡貸付
> 「不課税」……… 香典、御祝儀

インボイス対応の会計ソフトには、次の課税区分が2つ追加されます。

　1つは、インボイスに対応していない領収書、請求書等についての「経過措置」で80％まで仕入税額控除をしてくれるという制度に対応して、「経過措置」区分を追加しなければなりません。

　ただし、「80％経過措置」には、「区分記載請求書」の記載が要件になります。これは、インボイスに近い精度が要求されます。

　そこでもう1つは、「インボイス」でも、「経過措置」にも従来の「非課税」、「不課税」にも該当しない「経過措置不適合」コードを設けなければなりません。

　まとめると、次のようになります。

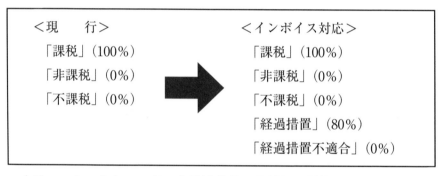

　会計ソフトの入力ミスが、直接消費税の納税額に影響しますので、入力業務がこれまで以上に重要視されるようになります。

インボイス制度がスタート

インボイスの厳格化
経過措置（80％控除）の適用要件

会計ソフトの「課税区分」が変わる

<現行>
「課税」（100％）
「非課税」（0％）
「不課税」（0％）

<インボイス対応>
「課税」（100％）
インボイス
「非課税」（0％）
「不課税」（0％）
「経過措置」（80％）
「経過措置不適合」（0％）

2 「経過措置不適合」を「不課税」にしない意味

　現在の段階では、各会計ソフトベンダーの新ソフトを待っている状態です。

　新ソフトの区分設定に際して、「経過措置不適合」区分を、同じ「０％」なので従来の「不課税」に統一するという考え方もあると聞きます。今後、「インボイス制度」を実務としてやっていくのであれば、「不課税」と「経過措置不適合」とは区分すべきと考えます。

　なぜならば、「不課税」は、香典のように本来消費税になじまない項目なので、消費税が課せられないのです。

　「経過措置不適合」は、本質が違います。本来、インボイス（100％）であったものが、記載に不備があって経過措置（80％）にもなれずに不適合になったグループです。つまり、二段階降格になったグループなのです。

　ただし、このグループは、大きな可能性があるのです。このグループの請求書、納品書、領収書は、改善すれば「経過措置」や「インボイス」になれる可能性を含んだグループなのです。

　会計事務所が、最もアドバイス、コンサルティングすべき分野なのです。ですから、「不課税」のなかに混在させるべきではないのです。

　各ベンダーの対応が待たれます。

　令和５年度税制改正の「少額特例」の適用がある企業は、１万円未満とそれ以外の領収書では入力方法も違ってきますので、注意が必要です（P159を参照）。

「経過措置」（80％控除）

「区分記載請求書等保存方式」が要件

不備があると「経過措置不適合」（0％）になる

「仕入税額控除」が受けられない
「経過措置不適合」を「インボイス」に変える

コンサルティング、指導の必要性

「不適合」（0％） 「インボイス」（100％）

に変わる可能性大！

3 全国の企業の会計データ入力の責任が重大になる
～入力ミスが直接「追徴額」になる～

　前記1で述べたとおり、これから領収書、通帳、カード明細の入力において、すべて次の5つの区分が必須となるのです。

---

(1) 課税取引インボイス（100％）

(2) 非課税（0％）

(3) 不課税（0％）

(4) 経過措置該当（80％）

(5) 経過措置不適合（0％）

　このことは、大企業、中堅中小企業、個人事業主を問わず、すべての企業の会計データ入力に関係する問題です。

　会計データ入力は、大きく次の3つに分かれます。

---

① 企業の経営者及び経理担当者等が入力する「社内入力自計化」

② 会計事務所が入力する「会計事務所入力パターン」

③ 記帳代行業者が入力する「業者入力パターン」

　現状では、企業の「自計化」は進んでいますので、ほとんどの企業は自社で入力しています。

　そこで、従来どおりの、ほとんどを「課税取引」で入力する方法では対応できません。

　1つの領収書を見ても、「インボイス」なのか、「80％経過措置」なの

か、「経過措置不適合」なのか、「令和5年10月以後」なのか、を判断しなければなりません。

　入力ミスは、すぐに直接「消費税の納付額」に影響し、税務調査で追徴されるリスクが出てくるのです。

　そこで会計事務所は、「インボイス制度」導入前から入力担当者に対し、会計データ入力に関する「インボイス対策の注意点」、「入力方法」をレクチャーする必要があると思います。

　会計事務所の記帳代行も、細心の注意で入力しなければなりません。

　記帳代行業者も入力方法が複雑になりますので、「インボイス制度」を理解して入力する必要が出てきます。

　いずれにしても、会計データの消費税の課税区分入力が、これからは重要なポイントとなりますので、十分に注意して会計データ入力を行っていきましょう。

インボイス対応の会計ソフト

「課税区分」が複雑化

（1）　課税取引（100％）（インボイス）

（2）　非課税（0％）

（3）　不課税（0％）

（4）　経過措置該当（80％）

（5）　経過措置不適合（0％）

「請求書」「領収書」の内容を見て「課税区分」を判断して、会計データを入力する必要がある

会計データ入力ミスがすぐに
「消費税の追徴」に直結

「会計データ入力」の責任重大！

■ PART XII

電子インボイス

1 電子インボイスとは

　インボイス制度においては、書面による請求書等の交付に代えて、その書類に記載すべき事項に係る電子データの提供（電子インボイス）を提供することができます。

　なお、電子インボイス等の提供方法としては、次のような方法があります。

≪電子インボイス等の提供方法≫

① 光ディスク、磁気テープ等の記録用の媒体による提供

② EDI 取引※おける電子データの提供

③ 電子メールによる電子データの提供

④ クラウド等を通じた電子データの提供

　※ 「EDI（Electronic Data Interchange）取引」とは、異なる企業
　　・組織間で「受注・発注」、「出荷・納品」、「請求・支払」等の各
　　種取引情報に関連するデータを、通信回線を通じて交換する取引
　　等をいいます。

2　電子インボイスの保存方式

　インボイス制度の仕入税額控除では、インボイスの交付を受けて7年間、保存する義務があります。

　電子インボイスについての保存方法をみていきましょう。

　電子インボイスの保存方法には、次の2つの方法があります。

≪電子インボイスの保存方式≫
書面保存と電子データ保存の2種類

書面で保存	電子データで保存
・電子データを「書面」でプリント ・整然とした形式及び明瞭な状態で出力する必要あり	・電子帳簿保存法に規定するタイムスタンプの使用やシステム関係書類の備付 ・検索機能の確保など一定の要件あり

1　書面で保存する方法

　電子インボイスについては電子データなので「電子取引」に該当しますが、インボイスに関しては書面での保存が可能です。

　ただし、「整然とした形式及び明瞭な状態で出力する必要があります。」という要件があります。

　要するに、分かり易い様式でキチンとファイリングして保存するということです。

2 電子データで保存する方法

　電子インボイスを電子データで保存する方法は、電子帳簿保存法に規定するタイムスタンプの使用やシステム関係書類の備え付け（検索機能の確保）などの一定要件を満たせば可能です（「インボイスＱ＆Ａ」「問64」）。

【　要　件　】

① **ディスプレイ、プリンタの備え付け**

② **データの検索機能**

　・日付、金額、取引先で検索

　・日付、金額で範囲指定検索

　・2つ以上の条件を組み合わせて検索

≪ フォルダ作成して管理 ≫

　(1) ファイル名に情報を記載する方法

　　　例：20220131_ ㈱ABC商事 _110,000.pdf

　(2) ファイルは通し番号を振り、別途リストで管理する方法

　　　例：00001.pdf

00001	2022/01/31	㈱ABC商事	110,000

③ **タイムスタンプ、訂正削除の記録システム、事務処理規定のどれかを取り入れる**

　・タイムスタンプ ⇒ システム管理等の費用と設置に時間がかかる

　・訂正削除の記録システム ⇒ 費用と設置に時間がかかる

　・事務処理規定 ⇒ 国税庁ホームページにひな形があるのでそれを利用する

　(1) 電子取引の事務処理の責任者を決める

　(2) 電子取引のデータの訂正削除をした場合の業務フローを決める

---

3 電子インボイスは書面での保存が可能

　「インボイス制度」の「仕入税額控除」の要件として、受け取ったインボイスには、7年間の保存義務があります。

　電子インボイスについては、令和4（2022）年1月から施行予定のところ、急に2年間施行延期になった「電子取引」の取扱いが適用されると思われていました。

　従来のやり方では、例えば、「アマゾン」の領収書をダウンロードしてプリントアウトしてファイリングするという方法をとってきましたが、これからは「アマゾン」のようにオンラインでデジタルとしてくる情報は書面でなく、デジタルで保存しなければならないというのが「電子取引」の取扱い方法です。

　ところが、今回の「インボイス制度」のインボイスの保存方法では、電子インボイスで「電子取引」に該当してもデジタル保存の必要はなく、書面での保存が可能なのです。

　その理由として、国税庁の「電子取引Q＆A」「問25」に、「保存の有無が税額計算に影響を及ぼすことなどを勘案して、令和4年1月1日以後も引き続き、その電磁的記録を書面に出力することにより保存することも認められています。」とあります。

　結論からいえば、所得税、法人税では認められていない「電子取引」の「書面保存」がインボイスの消費税にのみ認められているということです。

　したがって、これからは企業において仕入先から電子インボイスが発行されたら、書面にプリントして、保存する方法で十分に対応できます。

　ただし、問題は、令和6（2024）年1月から、所得税・法人税が、「電子

取引」については「電子データ」で保存しなければならなくなることです。

「インボイス制度」スタートの3か月で、すべて電子データ保存しなければならないと考えている方も多いと思います。

この場合には、冷静に、自社の仕入先の電子インボイスの数を検証しましょう。

少数であれば、消費税は書面で、所得税・法人税は「電子取引」処理をすればよいでしょう。

同じに行うのが大変な場合は、消費税を優先して処理してください。なぜならば、インボイスの保存要件を満たさなければ、「仕入税額控除」が認められなくなり、すぐに消費税額が増額します。

仕入先の電子インボイスが多数ある場合は、インボイスの書面保存を行いながら、令和6（2024）年以後に向けて、電子インボイスの準備を行えばよいと思います。

仕入先発行の電子インボイスの保存

電子データの書面保存が可能！

「国税庁　電子取引Q&A　問25」

所得税・法人税では「電子データ保存」

消費税のみ書面保存が認められている！

4 電子インボイスは必須のツールか

　ここ数年の社会の流れとして、国策としての「DX」（デジタルトランスフォーメーション）、「電子帳簿保存法」、「電子取引」（令和4（2022）年1月から施行される予定が2年間延長された）と続いて、今回のインボイス制度における「電子インボイス」の導入と、たて続けに社会の「デジタル化」が進んでいます。

　そこで、ソフト制作会社いわゆる「ベンダー」の方々は、ビジネスチャンスということで各企業に各種の提案等をしています。

　そして、企業の経営者は、デジタル化をしなければ社会の流れに乗り遅れ、インボイス制度の膨大なインボイス保存ができずに、罰則を受けるかもしれないと思っている方も多いのではないでしょうか。

　また、「コロナ禍」、「円安」、「物価高」などで資金繰りが厳しいなかで、ベンダーの提案する多額の「デジタル投資」に踏み切れない経営者も数多くいると思います。

　ここで、冷静に考えましょう。

　はたして、インボイス制度において「電子インボイス」は、優先順位の高い必須のツールであるかということです。

　これまでも述べてきましたとおり、インボイス対策として、まずは次の項目が最優先課題です。

- ・ 登録番号の取得
- ・ 自社の発行のインボイス整備
- ・ 仕入先のインボイスチェック
- ・ 経費領収書のインボイスチェック
- ・ 免税事業者対策

　自社発行のインボイスについては、ほとんどの企業は、通常の商取引で発行している請求書、納品書に「登録番号」を記載すれば、必須９項目記載の「インボイス」になります。

　また、「インボイスの保存」についても、電子データ保存は要件でなく、「書面での保存」が可能なのです。

　結論は、自社発行の書面の請求書を急いで「電子インボイス」にする必要はなく、受け取った「電子インボイス」は書面にプリントして保存すればよいのです。

　インボイスの保存は７年間の保存で、いままでの税務関係書類の時効と同じです。

　私は、今回、「史上最大の税制改正」になると思います。

　限られたキャッシュを含む経営資源を最大限有効に使うべきです。インボイスが導入されて余裕があるようでしたら、徐々にデジタル化を進めていけばよいのです。

≪DX（デジタルトランスフォーメーション）≫

「電子帳簿保存法」「電子取引」
「電子インボイス」

「デジタル化の流れ」
しかし、
「電子インボイス」は

「電子取引」の適用除外

優先順位は高くない！！

≪優先順位の高いインボイス対策≫

（１）登録番号の取得
（２）自社の発行のインボイス整備
（３）仕入先のインボイスチェック
（４）経費領収書のインボイスチェック
（５）免税事業者対策

■□ VOLUME Ⅱ

令和５年度「インボイス制度」
改正のポイント

2 割 特 例

1 「2割特例」とは

　「2割特例」とは、令和5年度税制改正において、インボイス制度の開始から3年間は、免税事業者が、課税事業者となる場合に、その納付税額を課税売上高（課税標準額）に対する消費税額の20％（売上税額の2割）相当額とすることができるという特例です＜簡易課税の第2種と同額＞。

　「2割特例」は一定要件で、簡易課税制度のみなし仕入率が80％である第2種事業と同様に、仕入税額控除が可能になるという非常に有利な制度といえます。

　また、「2割特例」は、免税事業者が適用を検討している経過措置の80％の仕入税額控除と同等の効果があり、課税事業者登録を促進する目的もあるといえます。

課税標準額に対する消費税額 − 課税標準額に対する消費税額 × 80％
＝課税標準額に対する消費税額 × 20％
＝納税額

≪「２割特例」とは≫

令和５年度税制改正において
インボイス制度の開始から３年間は
免税事業者が課税事業者となる場合

納付税額　＝　売上税額　×　20％

「簡易課税」の第２種事業と同様に
「みなし仕入率80％」
免税事業者等の「経過措置」

80％仕入税額控除と同じ

2 「2割特例」の適用対象者

「2割特例」の適用対象者とは、インボイス制度を機に免税事業者からインボイス発行事業者として課税事業者になった者をいいます。

① 免税事業者がインボイス発行事業者の登録を受け、登録日から課税事業者となる者
② 免税事業者が「課税事業者選択届出書」を提出した上で登録を受けてインボイス発行事業者となる者

次の場合は、「2割特例」の対象とはなりません。

① インボイス登録を受けていない
② 基準年度（個人：前々年度、法人：前々事業年度）における課税売上高が1,000万円を超える場合
③ 資本金1,000万円以上の新設法人
④ 調整対象固定資産や高額特定資産を取得して仕入税額控除を行った場合
⑤ 課税期間を1か月又は、3か月に短縮する特例の適用を受ける場合

≪「２割特例」の適用対象者≫

（１） 免税事業者が、インボイス登録をして、登録日から
課税事業者となる者

（２） 免税事業者が、「課税事業者選択届出書」を提出し、
インボイス登録をした事業者

＜次のケースは適用なし＞

◎ 基準年度（前々事業年度、年分）における課税売上高が、
1,000万円超の場合
◎ 事業年度を短縮した場合

3 「2割特例」の適用期間

　2割特例の適用できる期間は、「令和5年10月1日から令和8年9月30日までの日の属する各課税期間」となります＜3年ルール＞。

　個人事業者と法人の各適用対象期間を図にすると、次のようになります。

＜1＞ 個人事業者の課税期間（年分）

　個人事業者は、令和5年10月～12月の申告から令和8年分の申告までの4回の申告において「2割特例」が適用できます。

＜2＞ 法人（3月決算の場合）の課税期間（事業年度）

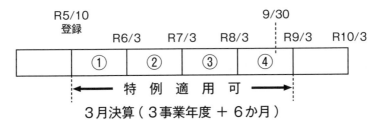

　法人で3月決算の場合は、令和5年10月～令和6年3月の申告から令和9年3月決算までの4回の申告において「2割特例」が適用できます。

≪「２割特例」の適用期間≫

「令和５年 10 月１日から令和８年９月 30 日までの
日の属する各課税期間」

令和５年 10 月１日〜令和８年９月 30 日の
属する事業年度・年分
＜３年ルール＞

＜個　人＞

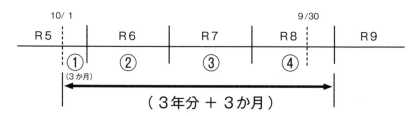

＜法　人＞（３月決算）

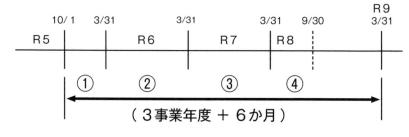

4 「２割特例」と「経過措置」は適用対象期間が違う

　「２割特例」の適用対象期間は、令和５年10月１日から令和８年９月30日までの日の属する課税期間です。

　同じような期間のインボイス制度には、「経過措置」の「仕入税額80％控除」があります。ただし、「経過措置」の期間は「令和５年10月１日から令和８年９月30日まで」と規定されているので、明確に「ジャスト３年間」なのです。

　「２割特例」は「課税期間」なので、事業年度によって期間が３年以上となるのです。混合しやすいので、＜３年ルール＞でも注意する必要があります。【P190を参照】

＜２割特例＞（３月決算）

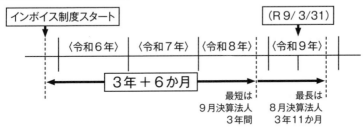

＜経過措置＞

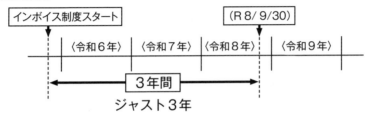

≪「２割特例」と「経過措置 80%」は対象期間が違う≫

令和５年 10 月１日 ～ 令和８年９月 30 日
同じ＜３年ルール＞だが期間が異なる！

「２割特例」
　令和５年 10 月１日 ～ 令和８年９月 30 日
　の属する各課税期間
　　〔個人：年分、法人：事業年度〕
　　＜個　　人＞ ‥‥‥‥‥‥ ３年３か月
　　＜３月決算法人＞ ‥‥‥‥ ３事業年度６か月

「経過措置 80％控除」
　令和５年 10 月１日 ～ 令和８年９月 30 日
　ジャスト３年間のみ！

要注意！

5 「２割特例」が使えないケース
～令和４年に消費税還付を受けた場合～

　２割特例は、申告時に選択すれば簡易課税事業者も本則課税事業者でも適用できると思いがちです。

　ところが、２割特例を使えないケースが、いくつかありますので、これから見ていきましょう。

　免税事業者でも、設備投資で消費税還付のために令和３年に課税事業者選択届出書を提出し、令和４年から本則課税の課税事業者を選択したケースがあります。

　この場合は、本則課税を２年間継続しなければならないという「２年縛り」のルールがあり、令和５年も本則課税で申告することになり「２割特例」は使えません。

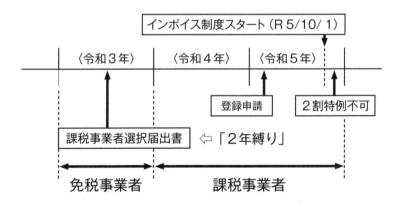

≪「2割特例」が使えないケース≫

令和4年に「課税事業者」を選択した場合

「2割特例」は使えない！

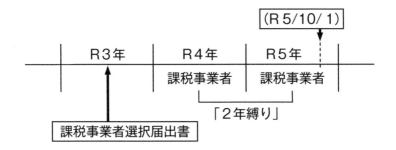

「課税事業者」を選択すると

「2年縛り」

R5/10/1の時点で「課税事業者」なので
「2年特例」

適用なし！

6 「2年縛り」をクリアして「2割特例」を 適用するケース

　令和4年中に課税事業者選択届出書を提出し令和5年から課税事業者になっていて、その後に登録申請を提出し令和5年10月にインボイス事業者となるケースでは、インボイス制度スタート時には課税事業者であるので、「2割特例」の要件に該当せず2割特例は適用できません。通常の本則課税となります。

　この場合、令和5年10月1日の属する課税期間から課税事業者になるには、「2年縛り」が適用されないという＜1年ルール＞があり、令和5年中に「課税事業者選択不適用届出書」を提出することにより「課税事業者選択届出書」を失効させ、再び登録申請をすることにより「2割特例」が適用できることになります。　　　　　　　　　　　　　　　　【P188を参照】

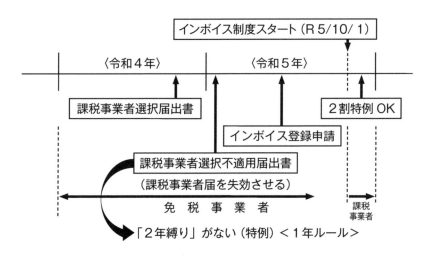

≪「2年縛り」をクリアして「2割特例」を利用する方法≫

インボイス登録日（令和5年10月1日）前に
「課税事業者」になっていても救済されるケース

令和5年10月1日の属する事業年度（年分）だけは
「課税事業者」の「2年縛り」なし！

＜1年ルール＞

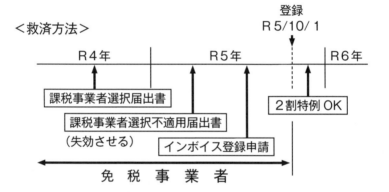

令和5年は「2年縛り」がないので「免税事業者」に
戻すことができる
「選択不適用届出」で「課税事業者」を失効させる

改めて「登録申請」

「2割特例」適用OK！

7 「２割特例」が適用できないケース

「２割特例」は、適用期間中において次の一定の事由が生じた場合には適用できません。

> ① 基準期間における課税売上高が1,000万円を超えたことにより課税事業者となる場合
>
> ② 特定期間中の課税売上高（給与等の支払額）による納税義務の免除の特例により課税事業者となる場合
>
> ③ 相続・合併・分割があった場合の納税義務の免除の特例により課税事業者となる場合
>
> ④ 新設法人・特定新規設立法人の納税義務の免除の特例により課税事業者となる場合
>
> ⑤ 調整対象固定資産・高額特定資産を取得した場合の３年縛りにより課税事業者となる場合

適用期間中に基準期間の課税売上が1,000万円を超える場合には、２割特例の対象となりません。具体的には、次のようになります。

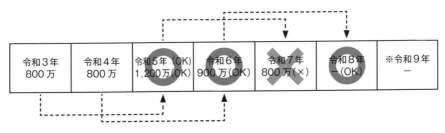

※令和９年は対象外です。

≪「２割特例」が適用できないケース≫

次のケースでは、「２割特例」が適用できません

（１） 基準期間（前々事業年度）の課税売上高が 1,000 万円超の場合

（２） 特定期間納税義務免除の特例により課税事業者となる場合

（３） 相続、合併、分割の場合 ⎤
　　　　　　　　　　　　　　　　　免除の特例に
（４） 新設法人、特定新規設立法人の場合 ⎦ 該当する場合

（５） 調整対象固定資産、高額特定資産の取得により課税事業者となる場合

8 「2割特例」を選択する方法

　「2割特例」を適用するためには、事前の届出は必要ありません。消費税の規定では、非常に稀なケースです。

　「簡易課税制度選択届出」を出していても、申告時に「2割特例」か「簡易課税」を選択することができるのです。

　「簡易課税」を選択していない場合は、「本則課税」か「2割特例」を申告時に選択することができます。

　その関係を図にすると、次のようになります。

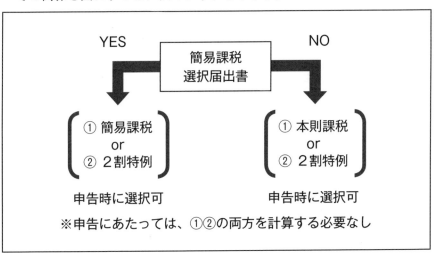

　「簡易課税制度選択届出」を選択するか否かがポイントになってきますが、「簡易課税」は業種別に「みなし仕入率」が区分されているのが特徴です。

　今回の「2割特例」は売上の2割を消費税にするという制度なので、

「みなし仕入率」80％に相当します。次の表のとおり「卸売業」の90％以外は80％以下となっています。したがって、卸売業の90％以外ほとんどの業種の方は、「２割特例」でカバーできます。業績悪化や設備投資で還付の可能性もありますので現実的には「本則課税」のままでいて、申告時に「２割特例」を選択するほうが望ましいでしょう。

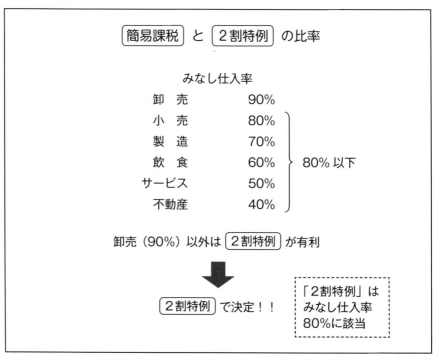

※　ただし、基準期間の課税売上高が1,000万円超の時の場合には、その課税期間中に「簡易課税選択」を選択

　　令和5年10月1日から令和11年9月30日の属する各課税期間はOK

＜6年ルール＞

≪「２割特例」を選択する方法≫

YES　　　　　　　　　　　　　　　NO

簡易課税
選択届出書

① 簡易課税
or
② ２割特例

① 本則課税
or
② ２割特例

申告時に選択可　　　　　　　　申告時に選択可

※申告にあたっては、①②の両方を計算する必要なし

卸売（90%）以外は ２割特例 が有利

２割特例 で決定！

「２割特例」は
みなし仕入率
80%に該当

本則課税 or ２割特例

売上激減
設備投資

還付
納付減少

該当する課税期間は

本則課税 が有利になる

３年間は「本則課税」と「２年特例」の選択で！

9 「簡易課税」を選択した事業者が「本則課税」と「２割特例」を適用する方法

　令和5年9月30日までに登録申請すると10月1日から登録事業者となり、課税事業者にもなれます＜スタートアップ特例〔Ⅰ〕＞（54ページを参照）。

　次に「簡易課税」についても特例があり、原則は前期末までに選択届出書を提出するものですが、令和5年10月1日から令和11年9月30日の属する課税期間については、その課税期間中に選択届出書を提出すれば「簡易課税」が選択できるのです＜スタートアップ特例〔Ⅱ〕＞（56ページを参照）。

　ただし、期間中に大規模な設備投資や修繕又は大幅な仕入や経費計上で還付の可能性がある場合には、「簡易課税」をやめて「本則課税」に戻りたいケースがあります。その場合には、令和5年に関しては「簡易課税」の選択期限中の令和5年12月31日までに「取下書」を提出することにより、「本則課税」に戻ることができます。そこで「２割特例」と「本則課税」との選択が可能になり、還付が有利な場合は、「本則課税」を選択すればよいのです。

　ちなみに、取下書には定形がなく、次の内容が記載されていれば有効です。

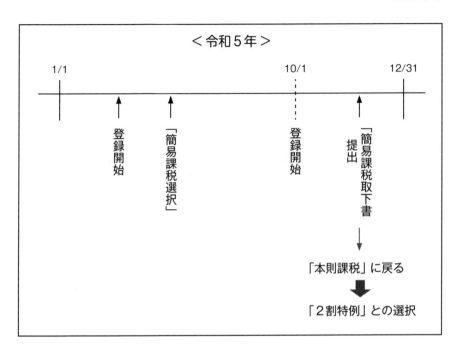

【取下書】（見本）

① 取り下げる申請書の提出日

② 届出書の様式名（表題）

③ 提出方法（書面 or e-Tax）

④ 申請者の氏名又は名称

⑤ 納税地

⑥ 以上のものを取り下げる旨

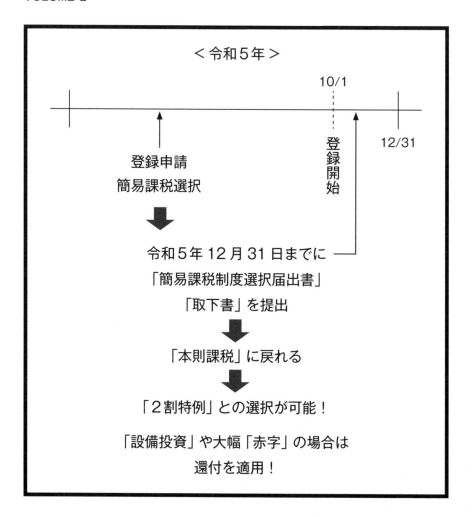

少額特例の概要

1 1万円未満の取引はインボイスが
いらなくなった

＜内　　容＞

　少額特例とは、税込課税仕入額が1万円未満であれば、帳簿の記載のみ
で仕入税額控除を認めるという制度です。つまり、「インボイスは不要」
ということです。

＜適用対象者＞

　基準期間^(※1)における課税売上高が、1億円以下又は特定期間^(※2)に
おける課税売上高が5,000万円以下の事業者が、適用対象者となります。

　※1　「基準期間」とは、2期前の課税期間をいいます。

　※2　「特定期間」とは、個人事業者については前年1〜6月までの期間をいい、
　　　法人については前事業年度の開始の日以後6月の期間をいいます（消法9の
　　　2④）。

　なお、特定期間における5,000万円の判定にあたり、課税売上高による

判定に代えて給与支払額の合計額の判定によることはできません。

　課税売上高 1 億円以下の事業者は 90.7％（課税事業者の 76.1％）であり、多数の事業者が恩恵を受ける制度です。

＜期　　間＞

　少額特例は課税期間単位ではなく、令和 5 年 10 月 1 日から令和 11 年 9 月 30 日までの間に国内において行う課税仕入れについて、適用することができます。期間は、ジャスト 6 年間です＜**6年ルール**＞。【P192 を参照】

≪少 額 特 例≫

＜内　容＞
　　1万円未満の取引は「インボイス不要」

　　　帳簿の記入のみで OK ！

　　　原則は 1 円からインボイス必要

　　　　特別な制度！

＜対象者＞
　　　課税売上高 1 億円以下の事業者

　　判定は基準期間（前々事業年度）
　　課税売上高 1 億円以下の事業者は
　　全体の 90.7 ％（課税事業者の 76.1 ％）

　　多数の事業者が恩恵を受ける制度

＜期　　間＞
令和 5 年 10 月 1 日から令和 11 年 9 月 30 日のジャスト 6 年間

　　　＜6 年ルール＞

2 　少額特例はジャスト「6年間ルール」

　「少額特例」の適用期間は、いわゆる「6年間ルール」です。「令和5年10月1日から令和11年9月30日の属する課税期間」ではありません。

　同じ＜6年ルール＞でも、登録申請のみで「課税事業者選択届出書」不要で「課税事業者」になれる「スタートアップ特例〔Ⅰ〕」とも違って、「令和5年10月1日から令和11年9月30日」の「ジャスト6年間限定」なのです。 【P192を参照】

　また、同じ「特例」でも、「2割特例」は「令和5年10月1日から令和8年9月30日の属する課税期間」なのです。

　消費税は、適用期間がとても複雑でわかりにくくなっています。間違えると、税額に大きく影響をしますので、細心の注意が必要です。

PART II

≪令和５年度税制改正の２大特例≫
「少額特例」はジャスト６年間！

「２割特例」は
「令和５年 10 月 1 日から令和 11 年 9 月 30 日の日まで
の属する各課税期間」

同じ「特例」でも「２割特例」と期間の考え方が違う

間違い易いので「要注意」です！

3 少額特例で安心してはいけない

　課税売上げ１億円以下の事業者は「１万円未満の取引について帳簿の記入のみでインボイスが要らない」というのが、「少額特例」のポイントです。

　ただ、この少額特例を誤解している方が、たくさん見受けられます。自社の売上げが、１億円以下で客単価も１万円未満なので、インボイス登録をしなくてもいいと思っている事業者が多いということです。

　この制度は、基準期間（２年前）の売上げ１億円以下で１万円未満の取引は、帳簿の記入のみで仕入税額控除ができるという制度で、飲食店で例えると、その事業者の利用客が対象であるということです。

　その飲食店のお客として年商２億円の企業の従業員が接待で利用していれば、精算時には当然、インボイス発行を要求してくるでしょう。報酬、売買代金を受け取る事業者は、いつでもインボイスを交付する義務があります。発行しない場合は、その飲食店が利用されなくなり、売上減少になります。

　したがって、インボイス対策の基本として、登録番号の取得等の準備はすべきなのです。「少額特例」に惑わされて、インボイス対策のマインドが緩んではいけないのです。「少額特例」は、利用客のための制度で、お店のためではないのです。

≪少額特例で安心してはいけない！≫

売上1億円以上
領収書、請求書1万円未満
インボイス発行義務なし

大多数の事業者
インボイス対策不要の認識をもっている

「大きな誤解」

「年商1億円以下、インボイス不要」は
報酬料金、売買代金を支払う「顧客についての基準」！
「仕入税額控除」の「特例」であり
自社の売上の基準ではない！

これまでどおり、インボイスの準備は
全社やるべき！

4 売上別インボイス対応表 ～「少額特例」で会計処理が複雑に～

　インボイス制度では、適格請求書の全ての記載要件を満たしていないと「仕入税額控除」ができません。インボイスの要件を満たしていない場合でも、「区分記載請求書」の要件を満たしていれば、「80％控除」の「経過措置」が適用できます。

　それ以外は、経過措置不適合で仕入税額控除ができません。このように、請求書、領収書の記載要件には、厳密なルールがあります。

　ところが、今回の「少額特例」では、請求書、領収書の要件なしで、帳簿記入のみで「仕入税額控除」ができるようになりました。経過措置の要件よりも緩和された制度で、今までのインボイス制度との整合性がとれていません。

　今まで「経過措置不適合」の請求書、領収書でも、100％仕入税額控除ができるということなので、会計ソフトの「入力内容」も大きく変わってきます。企業の会計入力がとても複雑になる制度なのです。

　売上の規模別、領収書の金額別に示した会計処理方法の一覧を参考にして下さい。

≪インボイスの基本≫

「仕入税額控除の割合」

インボイス（適格請求書）‥‥‥ 100%

経過措置
（区分記載請求書要件）‥‥‥‥‥ 80%

記載項目不備 → 不適合 ‥‥‥‥‥ 0%

「少 額 特 例」
　　年商5,000万円～1億円の企業

＜1万円未満＞	＜1万円以上＞
インボイス不要で	「基本」どおり
仕入税額控除可	フルバージョン
	「経過措置」有

インボイス制度が「複雑」に！

【売上別インボイス対応表】

基準期間 （前々期）	インボイス 適格請求書 100%	区分記載請求書 インボイス不適合 経過措置　80% 経過措置不適合　0%

1 億円 超／以下

＜1万円未満＞　　＜1万円以上＞

「少額特例」
100%

[帳簿記載のみ]

インボイス不要

インボイス
適格請求書
100%

区分記載請求書
インボイス不適合
経過措置
80%

経過措置不適合
0%

5,000万円 超／以下

「簡易課税」　　　　　　　「本　則」

＜1万円未満＞　　＜1万円以上＞

「少額特例」　　インボイス請求書
100%　　　　100%

[みなし仕入率]

インボイス不要

[帳簿記載のみ]

インボイス不要

区分記載請求書
インボイス不適合
経過措置
80%

経過措置不適合
0%

1,000万円 超／以下

「免税」or「2割特例」

[「本則」／「簡易」] 選択可

インボイス不要

■■ PART Ⅲ

インボイス登録を取り消す方法

● ●

1 インボイス登録を取り消す方法

インボイス制度で、免税事業者の状況も大きく変化してきました。今まで免税事業者は、10％の消費税を取得しても申告納税する必要はありませんでした。ところが、インボイス制度では消費税相当額を取得できず、インボイス発行ができないために取引の解約のリスクさえ出てきました。

そこで、ここ最近は免税事業者から課税事業者に転換し、インボイス登録が急増しているのが現状です。ただ、課税事業者に一旦登録した方もいろいろな方の意見を聞いて「経過措置で80％控除があるし、少しの値引程度ならば申告納税の手間を考えると、免税事業者に戻りたい」という考え方に変わるケースも十分にあります。

このように、インボイス登録して課税事業者になったけれども、やはり免税事業者に戻りたいという場合に、どのような方法で戻れるのかを、次の4つのパターンでみていきましょう。

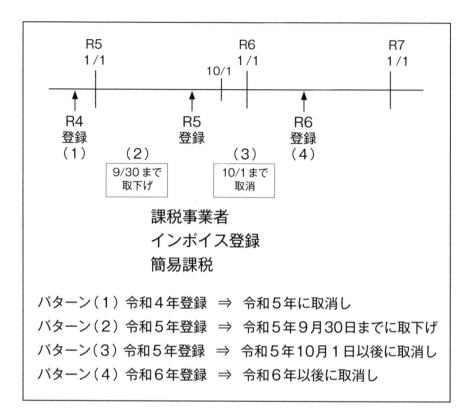

課税事業者
インボイス登録
簡易課税

パターン（1）令和4年登録　⇒　令和5年に取消し
パターン（2）令和5年登録　⇒　令和5年9月30日までに取下げ
パターン（3）令和5年登録　⇒　令和5年10月1日以後に取消し
パターン（4）令和6年登録　⇒　令和6年以後に取消し

≪インボイス登録を取り消す方法≫

免税事業者のままでは
10％相当額の減額
元請から解約リスク

「インボイス登録」
「課税事業者」選択

ところが
「消費税の申告納付」に手間取る、煩わしさ
「経過措置（80％控除）の適用」
報酬、減額の容認

「免税事業者に戻りたい」という声が多数

「免税事業者」に戻る方法とは？

2 令和４年に登録申請し令和５年に取消しの ケース

＜パターン（１）の場合＞

　令和４年中に「登録申請書」と「課税事業者選択届出書」を提出し、令和５年１月から課税事業者となっている場合です。大幅な赤字や設備投資等で還付を受ける場合が考えられます。

　このパターンの場合は、令和６年１月から取り消す方法は、次の２つの届出書を提出しなければなりません。

　「課税事業者選択不適用届出書」

　「インボイス取消届出書」※

　※ 正式には、「適格請求書発行事業者の登録の取消しを求める旨の届出書」といいます。

　本来は、「課税事業者」を「選択」すると、２年間は「免税事業者」に戻れないという「２年縛り」があるのですが、「令和５年10月１日の属する課税期間から登録を受けた事業者」は、特例で「２年縛り」が適用されません。＜１年ルール＞　　　　　　　　　　　　　　　【P188 を参照】

　そこで令和６年から「免税」に戻る方法として、令和５年に「課税事業者選択不適用届出書」を出さなければならないのです。

　次の図のように、「インボイス取消届出書」を「令和５年12月31日から15日前まで」に提出し＜15日ルール＞、次に「課税事業者選択不適用届出書」を「令和５年12月31日まで」に提出するという、２種類の届出書を提出しなければならないのです。　　　　　　　　　【P196 を参照】

　しかも、この２種類の届出期間が異なるというとても複雑な制度なのです。

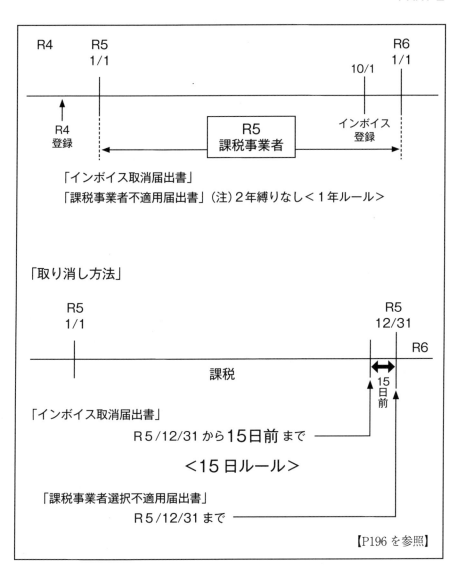

「取り消し方法」

【P196 を参照】

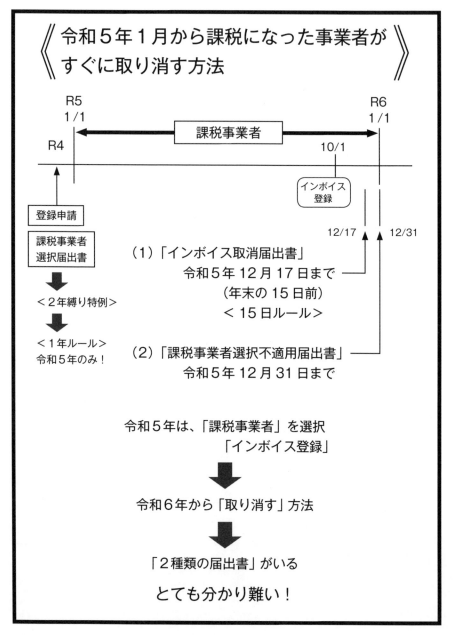

《令和5年1月から課税になった事業者が すぐに取り消す方法》

3 インボイス登録をした事業者が令和5年10月1日前に登録をやめるケース

＜パターン（2）の場合＞

　令和5年10月1日からのインボイス登録をするために登録申請書を提出した事業者が、早くも方針転換をして、10月1日前に登録申請を取り止めたいという場合を見ていきましょう。

　この場合、登録申請は令和5年10月1日からのインボイス登録の「事前予約」であって、事業者は「登録事業者」でも「課税事業者」でもありません。

　したがって、事業者は、「取消届出」ではなく、令和5年9月30日までにインボイス登録の「取下書」を提出します。これは、登録申請書の提出がなかったことにする内部文書で、フォーマットは自由です。次の事項が記載された取下書を郵送又はe-Taxで送付します。

　送り先は税務署ではなく、○○国税局インボイス登録センターです。

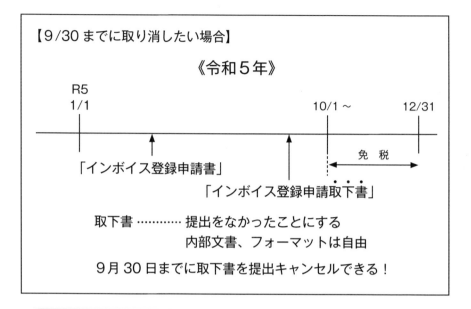

【9/30 までに取り消したい場合】

《令和５年》

取下書 ………… 提出をなかったことにする
　　　　　　　　内部文書、フォーマットは自由

9月30日までに取下書を提出キャンセルできる！

【インボイス登録の取下書の内容】

① 取り下げる登録申請書の提出日
② 取り下げる登録申請書の名称
③ 取り下げる「適格請求書発行事業者の登録申請書」の提出（書面またはe-Tax）
④ 申請者の氏名又は名称
⑤ 納税地
⑥ 登録番号
⑦ 以上のものを取り下げる旨

郵送またはe-Taxソフト（イメージ送信）WEB版はダメ！
送り先：税務署ではなく、○○国税局インボイス登録センター

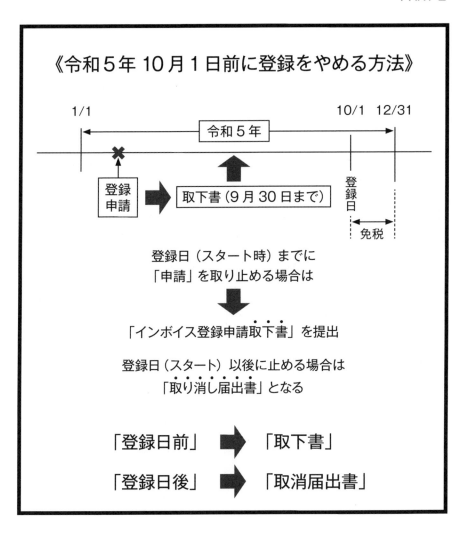

《令和５年10月１日前に登録をやめる方法》

登録日（スタート時）までに
「申請」を取り止める場合は

「インボイス登録申請取下書」を提出

登録日（スタート）以後に止める場合は
「取り消し届出書」となる

「登録日前」 ➡ 「取下書」

「登録日後」 ➡ 「取消届出書」

4 令和5年10月1日にインボイス登録をした事業者が登録を取り消すケース

＜パターン（3）の場合＞

　令和5年9月30日までにインボイスの登録申請をした事業者は、令和5年10月1日からインボイス登録ができます。また特例として、「課税事業者選択届出書」を出さずに消費税の課税事業者となります。いわゆる「スタートアップ特例〔Ⅰ〕」です（54ページを参照）。

　その事業者が、やはり申告納付の面倒さ、経過措置の簡便さ等から「免税事業者」に令和6年からすぐに戻りたい場合には、前述の＜15日前ルール＞で、令和5年12月17日までに、「登録取消届出書」のみを提出すれば、「免税事業者」に戻ることができます。　　　　　　【P196を参照】

　「課税事業者選択不適用届出書」をわざわざ出す必要はありません。「スタートアップ特例」の事業者は、「取消簡単特例」があると覚えていてください。

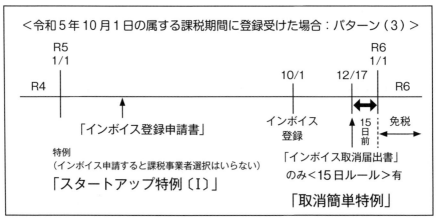

令和5年10月1日のインボイススタート組は、
課税事業者の「2年縛りはない」

「インボイス取消届出書」を
10月1日以降に提出すれば、
免税事業者に戻れる

<15日ルール>で届出書を出した翌年から免税事業者
に戻れ、1日でも遅れたら免税事業者に戻れるのは
1年先の翌々年からになる

<15日ルール>には
要　注　意　です！

《令和5年10月1日に登録してすぐに取り消す方法》

令和5年10月1日に「インボイス登録」

やはり「免税事業者」に戻りたい！

「インボイス登録取消届出書」

令和5年12月31日の「15日前」までに提出

令和5年「12月17日」

「スタートアップ特例」で「インボイス登録」だけで
「課税事業者選択届出書」不要

取り消す場合も

「インボイス登録取消届出書」のみで

「課税事業者不適用届出書」はいらない

「取消簡単特例」！

5 令和6年以降にインボイス登録申請をした事業者が登録を取り消すケース

＜パターン（4）の場合＞

　インボイス登録申請には、令和5年10月1日から令和11年9月30日の属する各課税期間においては、「スタートアップ特例」と同じで「登録申請書」のみでインボイス登録と課税事業者になれます＜6年ルール＞。

　そこで、個人で令和6年2月にインボイス登録した事業者がインボイス登録を取り消し免税事業者に戻る場合も、課税事業者のその課税期間の最終から15日前までに「インボイス取消届出書」を提出しなければなりません。ただし、「令和5年10月1日スタート」ではないので、登録を受けた日から2年を経過する日の属する課税期間の末日までは、免税事業者になれないという「2年縛り」があります。よって、次のように令和8年までは、登録の取り消し手続きはできません。

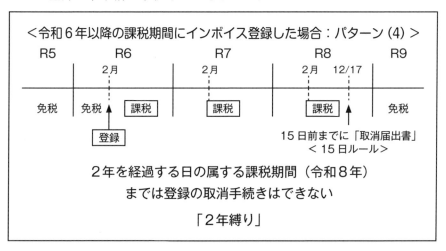

＜令和6年以降の課税期間にインボイス登録した場合：パターン（4）＞

R5	R6	R7	R8	R9
	2月	2月	2月　12/17	
免税	免税　課税	課税	課税	免税
	登録		15日前までに「取消届出書」 ＜15日ルール＞	

2年を経過する日の属する課税期間（令和8年）
までは登録の取消手続きはできない

「2年縛り」

《 令和６年以降に登録した事業者が取り消す方法 》

令和６年以降の登録の場合は
「課税事業者」の「２年縛り」がある

令和６年２月登録の場合

「令和８年」まで取り消しができない

令和８年 12 月 31 日の 15 日前

「12 月 17 日」までに
「登録取消届出書」を提出

「令和９年」から「免税事業者」

■ PART Ⅳ

返還インボイスが不要になる

1 返還インボイスが不要になる

　返還インボイスについては、いろいろと説明してきましたが（69 ページを参照）、実務上よくある事例で、とても問題になっているケースがあります。次の図をみてください。

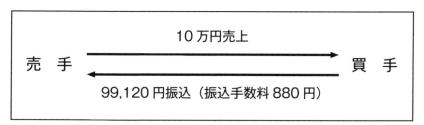

| 10 万円売上 |
| 売　手　→　買　手 |
| 99,120 円振込（振込手数料 880 円） |

　売上は 10 万円ですが、買手が 880 円の振込手数料を差し引いて、差額の 99,120 円を振り込んだという一般的なケースです。本来ならば、売手が 880 円を負担したということで売掛金を回収し、880 円の振込手数料を「支払手数料」で処理するという方法をとります。

　ところが、このインボイス制度では、簡単な方法ではすまないのです。

この場合に、2つのケースが考えられます。

＜支払手数料とする場合＞

　上記のように、支払手数料にする場合には、インボイス制度ではとても複雑になってきます。

　まず、売手からはインボイスが入手できないので、買手は「立替金精算書」を発行し、金融機関から振込手数料のインボイスを入手して売手に渡さないといけないのです。とても複雑で、880円のためには事務負担が大きいので、買手にはいやがられるリスクがあります。

＜値引として処理する場合＞

　もう1つの方法は、振込手数料を売手側として880円値引したとして処理する方法です。この場合には、売手側の値引なので、本来は前述のとおりインボイス制度としての「返還インボイス」を発行する必要があります。

　令和5年度税制改正で、1万円未満の「返還インボイス」は、発行が不要になりました。そこで、「値引」として処理する方法が、実務上は望ましいといえます。

　振込手数料を「支払手数料」と処理した場合も、消費税法上は「対価の返還等」として取り扱うことができます（国税庁「よくある質問　問18」）。

　この場合には、帳簿に「支払手数料」で計上されていても、「対価の返還」として取り扱うことを消費税申告の際に作成する帳票等により、明らかにする必要があります。

≪返還インボイスが不要になる≫

10万円売上

売　手　————————————→　買　手
　　　←————————————
99,120円振込（振込手数料880円）

◎ 従来：支払手数料

インボイス　なし
　　[相手] 立替精算書発行 [買手] ⎤
　　　金融機関発行　　　　　　⎥　　事務負担の
　　　振込（明細）　　　　　　⎥　　[買手] はイヤがる
　　　手数料インボイス　　　⎦

◎ 値引：返還インボイス

面　倒

↓

1万円未満不要に！

インボイスには重要な期間ルールがある

・・・・・・・・・・・・・・・・・・・・・・・・・・・・・・・・・・・・・・

　インボイス制度の内容について多くのことを見てきましたが、適用期間、特例内容、経過措置等についてさまざまな規定があり、ますます「インボイス制度」が難解になっています。

　多くの事業者がインボイス制度の内容について正しく理解していなければ、支払わなくていい消費税を納付しなければならなくなり、大きな損失となります。

　そこで、インボイス制度についての代表的なルールについて説明します。ルールは大きく分けて、「1年ルール」「3年ルール」「6年ルール」「15日ルール」の4つです。

　それでは、見ていきましょう。

1　1年ルール

　令和5年10月1日の属する課税期間（事業年度）1年間に登録した事業者のみが適用できるのが、「1年ルール」です。

　「免税事業者」は、「課税事業者選択適用届出書」を提出すると2年間は継続しなければならない、いわゆる「2年縛り」があります。ところが、今回の「インボイス特例」で、令和5年10月1日の属する事業年度については例外的に「2年縛り」がなく、「免税事業者」や「本則課税」に戻ることができるのです。

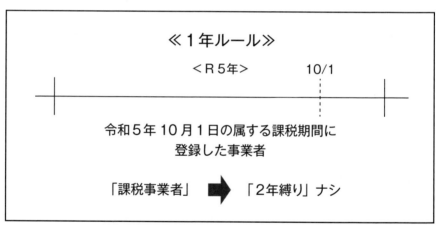

≪1年ルール≫

<R5年>　　　　10/1

令和5年10月1日の属する課税期間に
登録した事業者

「課税事業者」　➡　「2年縛り」ナシ

≪インボイス期間：１年ルール≫

「２年縛りナシ」

【内　容】

　　＜原則＞

　　　　「課税事業者選択」　　　「２年縛り」

　　　　「特例１年ルール」で

　　　　その１年だけで止められる

　　　　「免税」に戻れる！

【期　間】

　　　　令和５年 10 月１日の属する課税期間

　　　　上記の期間に登録した業者

2 3年ルール

　「3年ルール」は、令和5年10月1日から令和8年9月30日（3年）の属する各課税期間に、免税事業者がインボイス登録をした場合に適用がある「2割特例」にあてはまります。

　厳密にいえば、2割特例の「適用期間」（143ページを参照）で説明しましたが、「3期と数か月間」になります。

　もう一つの「3年ルール」は、経過措置「80％控除」の期間がありますが、これは令和5年10月1日から令和8年9月30日までの完全に「3年間」です。

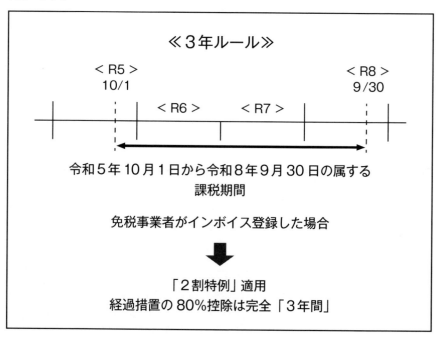

≪3年ルール≫

＜R5＞ 10/1　　　　　　　　　　　　　＜R8＞ 9/30

＜R6＞　　＜R7＞

令和5年10月1日から令和8年9月30日の属する
課税期間

免税事業者がインボイス登録した場合

⬇

「2割特例」適用
経過措置の80％控除は完全「3年間」

≪インボイス期間：3年ルール≫

〈1〉「2割特例」

【内　容】

免税事業者が、インボイス登録した場合の「特例」

【期　間】

令和5年10月1日から令和8年9月30日の

属する課税期間

＜3年ルール＞

実質は「3年 ＋ 数か月」

〈2〉「経過措置」

【内　容】

インボイスに適合しない領収書等の交付を受けた場合、

仕入税額控除を80％相当額できる制度

【期　間】

令和5年10月1日から令和8年9月30日まで

＜3年ルール＞

「2割特例」と違う

＜ジャスト3年＞　要注意！

3 6年ルール

「6年ルール」には、3種類あります。

1つめは、インボイス制度で最も基本となるルールで、令和5年10月1日から令和11年9月30日の属する各課税期間（事業年度）においては、「登録申請」のみで「インボイス登録」と「課税事業者」になれるものです。

つまり、「課税事業者選択届出書」はいらないのです。54ページの「スタートアップ特例〔Ⅰ〕」です。

2つめは、これもとても重要なルールで、令和5年10月1日から令和11年9月30日の属する各課税期間（事業年度）において登録する免税事業者については、登録日の属する課税期間中に「簡易課税制度選択届出書」を提出すれば、その課税期間（事業年度）から「簡易課税」を適用することができるものです。

原則は、前期末までに「選択届出書」の提出が必須ですので、画期的な特例といえます。56ページの「スタートアップ特例〔Ⅱ〕」です。

3つめは、「少額特例」の期間に関するルールです。

【内　容】
　　課税売上（基準期間）が、1億円以下の事業者は、1万円未満の領収書等においてインボイスの交付が不要で、帳簿の記載のみで、仕入税額控除ができるという「特例」

この場合、前記2つの＜6年ルール＞とは内容が違います。

前記の＜6年ルール＞は、「令和5年10月1日から令和11年9月30日の属する各課税期間」が、次のものでした。

個人 ──────────────────────────────── 6年3か月
法人（3月決算） ─────────────────────── 6年6か月

ただし、「少額特例」の期間は次のとおりで、同じ「特例」でも「2割特例」と「少額特例」では、期間の設定方法が違いますので、注意が必要です。

「令和5年10月1日から令和11年9月30日」
＜6年ルール＞
ジャスト＜6年間＞

≪インボイス期間：6年ルール≫

〈1〉「スタートアップ特例〔Ⅰ〕」

【内　容】

　本来は、「インボイス登録」と「課税事業者選択届」は
　セットで出すべき

　「インボイス登録」だけで「課税事業者選択届」は
　いらないという「特例」

「手続きが、超簡単」

【期　間】

令和5年10月1日から令和11年9月30日の属する各課税期間

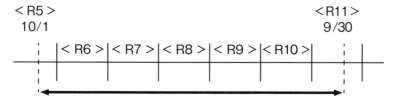

＜6年ルール＞

令和5年10月1日から令和11年9月30日まで（6年間）
の属する各課税期間については

実質は「6年 ＋ 数か月」

〈2〉「スタートアップ特例〔Ⅱ〕」

【内　容】

　本来は、「簡易課税選択」は、前期末までに提出しなければ
　ならないが、今回の「特例」でその事業年度（課税期間中）
　に提出できれば「簡易課税選択」ができるという

非常に「重要な特例」

【期　　間】
令和5年10月1日から令和11年9月30日の属する各課税期間

＜6年ルール＞

実質は「6年 + 数か月」
「スタートアップ特例〔Ⅰ〕」と同期間

〈3〉少 額 特 例

【内　　容】
　課税売上（基準期間）が、1億円以下の事業者は、
　1万円未満の領収書等においてインボイスの交付が
　不要で、帳簿の記載のみで、仕入税額控除ができる
　という「特例」

【期　　間】
　令和5年10月1日から令和11年9月30日まで

＜6年ルール＞

ただし、

＜ジャスト6年＞

同じ「特例」でも「2割特例」と違う期間設定！

要注意！

4 15日ルール

「15日ルール」には、次の2種類があります。

1つめは、インボイス制度開始後の課税期間においては「登録申請書」に「登録希望日」を記載し、その希望日の「15日前」までに申請しなければなりません。年や事業年度の中途からも登録することもできます。

【P54を参照】

2つめは、インボイス登録を取り消す場合です。

登録事業者が、翌年又は翌事業年度から登録を取り止めたいとする場合には、課税期間の初日から起算して「15日前」までに「登録取消書」を提出しなければなりません。課税期間単位の取り消しになりますので課税期間中途の取り消しはできません。　　　　　【P172を参照】

≪15日ルール≫

〈1〉インボイス制度開始後の提出

【内　容】

　インボイス制度開始後（令和5年10月1日の属する課税
　期間後の課税期間）に免税事業者が課税事業者になる場合

【期　間】

　　　　　「登録希望日」の15日前までに
　　　　　　　登録申請書を提出

〈2〉インボイス登録を取り消す場合

【内　容】

　インボイス登録を取り消して、「登録事業者」と「課税事業
　者」から「免税事業者」に戻るために「適格請求書発行事業
　者の登録の取消しを求める旨の届出書」を提出しなければな
　らない。

【期　間】

　　　　　取り消したい課税期間の初日から
　　　　　　起算して15日前までに提出

【インボイス制度：期間ルール表】

＜１年ルール＞

① 課税事業者選択届出書

免税事業者が課税事業者を選択する場合
Ｒ５/10/ 1の属する課税期間のみ

２年縛りがない！

＜３年ルール＞

① ２割特例
Ｒ５/10/ 1～Ｒ８/ 9/30までの日の属する各課税期間
最長３年11か月（8月決算）

② 経過措置
Ｒ５/10/ 1～Ｒ８/ 9/30までの期間
＜ジャスト３年間！＞

＜６年ルール＞

① インボイス登録申請特例

R 5/10/ 1～ R11/ 9/30 までの日の属する各課税期間
（登録申請のみ）（課税事業者選択届出書の提出不要）
〔スタートアップ特例Ⅰ〕

② 簡易課税登録

R 5/10/ 1～ R11/ 9/30 までの日の属する各課税期間
選択届出書提出特例〔スタートアップ特例Ⅱ〕
期末まで提出可能！！

③ 少額特例

R 5/10/ 1～ R11/ 9/30 までの期間＜ジャスト６年間！＞

＜15 日ルール＞

① インボイス登録

希望日の 15 日前までに申請（前回は 1 か月前）

② インボイス登録の取り消し

取り止めたい課税期間の 15 日前までに届出
（前回は 30 日前）

著 者 紹 介

黒永　哲至 （くろなが・てつし）

税理士
1955年　福岡県生まれ
青山学院大学経済学部卒業
1989年　黒永会計事務所を開設

外資系生命保険会社の専属税務顧問，証券会社の税務顧問を歴任。保険税務，相続対策に関するセミナーを生命保険，損害保険，不動産会社等において多数開催。経営分析，法人税務経営コンサルティング，相続・不動産コンサルティングを中心とした業務を行い，現在に至る。

著書，執筆に『法人税　究極！節税のバイブル』，『よくわかる　相続・贈与税のバイブル』（税務経理協会），『相続・贈与税でトクする本』（日本実業出版社　共著），『生命保険・年金を活用した相続税対策』（ぎょうせい「税理」），『税務なんでも Q&A』（丸宏大華証券），『賢い納税者入門』（ニコスクラブ），『あっという間に経営分析』（清文社）。

（事務所）
〒160−0023　東京都新宿区西新宿 7 − 21 − 21　西新宿成和ビル 3 F
T E L　03−3363−0118　　F A X　03−3363−0366
http://www.kuronaga-ac.com/

誰も書かなかった
インボイス制度のポイント!!〔第2版〕

令和5年1月10日　初 版 発 行
令和5年10月10日　第2版発行

著　者　黒永　哲至

発行者　大坪　克行

発行所　株式会社税務経理協会
　　　　〒161-0033東京都新宿区下落合1丁目1番3号
　　　　http://www.zeikei.co.jp
　　　　03-6304-0505

印　刷　光栄印刷株式会社

製　本　牧製本印刷株式会社

本書についての
ご意見・ご感想はコチラ

http://www.zeikei.co.jp/contact/

ISBN 978-4-419-06954-4　C3032